John R. McCollins
==LICHTREIHE – 4. Band==

Energieorte
Die Reise ins ICH

==Viertes Buch zu:==
'1. Band: Der Weg zur Liebe und zum wahren Licht'
'2- Band: Der Weg zu den goldenen Toren'
und zu:
'3. Band: Der Weg in das Göttliche Licht'

Impressum:
Copyright © 2024 by John R. McCollins
c/o Fakriro GmbH Impressumservice - Bodenfeldstr. 9
91438 Bad Windsheim

Innenteil: Quellennachweis der Bilder ‚Der Tod als Freund' und ‚Der Tod als Erwürger' von Alfred Rethel (1816 bis 1859) – Quelle: ‚Volksbücher der Kunst – Alfred Rethel', Ernst Schur, Verlag von Velhagen und Klasing, Bielefeld und Leipzig, 1911, Public domain, This work is public domain in the United States (PD-1996).
alle weiteren Fotos und Grafiken, sowie Gestaltung und Satz: Autor
Umschlag Rückseite: Gestaltung, Foto und Satz: Autor
Bildnachweis Umschlag Vorderseite: ‚Polyptyque du jugement dernier' - Rogier van der Weyden (ca. 1399-1464), Public domain, via Wikimedia Commons; This work ist public domain in the United States (PD-1996)
Gestaltung und Satz des Umschlages Vorderseite: Autor

Alle Rechte einschließlich der Vervielfältigung, Verbreitung, Übersetzung, Speicherung, Reproduktion, des vollständigen oder auszugsweisen Nachdruckes in jeglicher Form (auch mittels elektronischen Systemen jeglicher Art) vorbehalten.

ISBN: 978-3-759235-46-6
Preis: 19,99 €
Dieses Buch ist auch als E-Book erhältlich:
ISBN E-Book: 978-3-759235-47-3

Herstellung und Druck über tolino media GmbH & Co. KG, München.
Printed in Germany

Anstelle eines Vorwortes:
Das Ihnen vorliegende Buch ist keine wissenschaftliche Abhandlung.
Es erhebt weder einen Anspruch auf Vollständigkeit, noch auf Allgemeingültigkeit und auch keinen Anspruch auf die absolute Wahrheit oder Anwendbarkeit.
Ein jeder Leser sollte dieses Buch mit denkendem und kritischem Verstand lesen und prüfen, ob die hier gegebenen Hinweise und Wege für ihn umsetzbar und nützlich sind.
Es ist somit IHRE alleinige und freie Entscheidung, den hier aufgezeigten Wegen, Hinweisen, Übungen usw. zu folgen.

Der Leitgedanke:
„Wer blind durch diese Welt geht
und vom Dichter Kunde über das Licht
und alle wunderschönen Farben dieser
Welt vernimmt,
kann leicht der Illusion verfallen,
dass all diese Farben, ja sogar
das Licht dieser Welt selbst, nur eine
vom Dichter in seinen Werken
erschaffene Illusion wären."
John R. McCollins

Inhaltsverzeichnis

Erster Teil 7

    Von ‚Energieorten' und ‚Magischen Orten' 8

    Von ‚Lichtorten' und ‚Lichtbotschaften' 12

    Von ‚Energieorten' 16

    Von ‚Magischen Orten' und unserer ‚neuen Achtsamkeit' 32

    Vom ‚Nahtorerlebnis' und vom ‚zeitlich begrenzten Verlassen des irdischen Körpers' 57

    Vom ‚Sterben' und vom ‚Tod' 62

    Vom ‚Lösen unseres unsterblichen ICH vom irdischen Körper' 73

    Vom ‚Manifestieren' und vom ‚Wirken im Guten' 79

    Vom ‚Wirken-Lernen' und ‚von einem ‚Würfelspiel' 82

    Von den ‚Stufen' und von den ‚Formen' der ‚Egozentrik' 92

    Von der ‚höheren Form des Sonderseins' 99

    Von der ‚Dritten Ebene' 101

Zweiter Teil 104

    Von den Fotos in unserer Wohnung und deren Bedeutung 105

    Vom ‚Glück' und vom ‚Glücklich-Sein' 107

    Vom ‚Begriff', von der ‚Symbolik' und von der ‚Allegorie' 110

    Vom ‚Tornado' und vom ‚Auge des Tornados' 127

    Vom ‚Traum', vom ‚Denken' und vom ‚Geist' 130

Anhang (Erläuterungen): 144

Weitere Bücher von John R. McCollins 146

    Der Weg zur Liebe und zum wahren Licht 146

    Der Weg zu den goldenen Toren 146

    ERGÄNZUNGSBAND zur Ebook-Ausgabe 147

Der Weg in das GÖTTLICHE LICHT 147

Bommelfutz® und das Haus der blauen Steine................................ 148

Erster Teil

*„Inneren Frieden wird nur erlangen,
wer Unwesentliches unbeachtet lässt
und sich allein um Wesentliches sorgt."
Bernhard von Clairvaux*

Von ‚Energieorten' und ‚Magischen Orten'

„In der lebendigen Natur geschieht nichts, was nicht in einer Verbindung mit dem Ganzen stehe."
Johann Wolfgang von Goethe

‚Energieorte' und ‚Magische Orte' üben seit jeher eine geradezu mystische Anziehungskraft auf uns als Menschen aus. Für viele sind es dabei nichts weiter als 'Sehenswürdigkeiten', die man besucht um seine Freude daran zu haben. Für andere sind es Relikte einer scheinbar längst vergangenen 'Zeit'. 'Zeitzeugen'. Mancher findet an solchen Orten aber auch schon einen ‚inneren Ruhepol'. Diese Menschen haben so bereits für sich realisiert, dass ihnen diese Orte ‚guttun', ohne jedoch daraus die letzte, und somit entscheidende, ERKENNTNIS für sich selbst abzuleiten. Sie stehen somit bereits an der Schwelle zum ‚Erkennenden', ohne dies jedoch in dieser letzten Konsequenz tatsächlich bereits selbst wahrgenommen zu haben. Von diesem Punkt aus ist es somit nur noch ein ‚klitzekleiner' Schritt bis zum ersten Verständnis der URSACHEN dieser ihm so ‚guttuenden' ERSCHEINUNGEN.

Für den SUCHENDEN sind ‚Energieorte' und ‚Magische Orte' jedoch weitaus mehr als das. Sie sind die Inspiration, der Ursprung und der irdische Quell der für unseren Aufstieg als Menschen und Menschheit erforderlichen GÖTTLICHEN LICHTENERGIE. Es sind die Plätze, an denen wir nunmehr, und bereits in diesem vierten Band der LICHTREIHE von John R. McCollins angekommen, in der Lage sein werden, unser ICH-Selbst mit dem GÖTTLICHEN in uns selbst zu vereinigen. Oder anders formuliert: es sind genau die Orte an denen wir den ‚Himmel mit der Hand erreichen können'. Und dies jenseits und frei von allen Irrungen dieses ‚Erdenplanes'. Frei von allen Erscheinungen dieser uns umgebenden ‚Welt der Maya'.

JEDES Verweilen an einem solchen Energieort der WAHREN GÖTTLICHEN LICHTENERGIE bewirkt dabei etwas in uns. Ganz tief in unserem ICH-Selbst. Über eines muss man sich auf unserer weiteren Reise in unser ICH-Selbst jedoch absolut klar werden und absolut klar bleiben: die Begriffe ‚Energieort' und ‚Magischer Ort' sind auch nur wieder der Welt der ‚Maya' entlehnte Bezeichnungen. Sie sind somit auch nur **SYMBOLE** [1] für Erscheinungen der höheren Ordnung in dieser uns (derzeit noch) umgebenden Teil-Welt. Dieser Teil-Welt oder, wenn man so will: dieser Scheinwelt, eben der ‚Maya'. Die Grenze zwischen den Begriffen ‚Energieort' und ‚Magischer Ort' kann dabei daher auch einfach für unsere irdische Wahrnehmung ‚verschwimmen', was jedoch kaum von Bedeutung für unseren weiteren Aufstieg als Menschen und Menschheit selbst ist. Schlussendlich ist es doch völlig unerheblich, ob wir den **LICHTORT DES WAHREN GÖTTLICHEN LICHTES** an einem ‚Energieort' oder an einem ‚Magischen Ort' gefunden haben. :-)

Ganz zu Beginn unserer Reise kann es dabei vorkommen, dass wir der Meinung sind, diese Wirkungen (noch) nicht wahrnehmen zu können. Seien Sie sich jedoch gewiss; auch, wenn wir es (noch) nicht vollständig ‚gelernt' haben, die Wirkung dieser Energie (wieder) zu ‚erspüren', unser ICH-Selbst hat diese wohltuende GÖTTLCHE LICHTENERGIE bereits sehnsuchtsvoll erwartet. Diese GÖTTLICHE LICHTENERGIE DES EINEN ist bereits ein Teil unserer ‚Heimkehr' an die Orte, von denen wir tatsächlich kommen und an die wir auch wieder zurückkehren werden. Der eine früher, der andere vielleicht auch erst etwas später. Und so gewinnt das Zitat auf der letzten Seite des ersten Bandes der LICHTREIHE von John R. McCollins:

„Alle weltlichen Dinge sind nur ein Traum im Frühling. Betrachte den Tod als Heimkehr."
Konfuzius

an dieser Stelle seine **wahre** Bedeutung für uns.

---

[1] Siehe auch das Kapitel: ‚Vom Begriff, von der Symbolik und von der Allegorie' dieses Buches.

Einige von uns werden jedoch MÖGLICHERWEISE nie mehr an IHREN URSPRUNG zurückkehren, da sie sich von der für uns als Menschen und Menschheit bestimmten Entwicklung zum Höheren, Kraft ihres freien Willens, abgewendet haben.

Aber selbst diesen Menschen und Wesen ist der Weg zur allumfassenden Liebe und Vergebung des EINEN (noch) nicht verschlossen. Eine gewisse Zeitlang wird auch ihnen noch die Rückkehr auf den Weg in das WAHRE GÖTTLICHE LICHT möglich sein.

Wenn sie sich Kraft ihres freien Willens von den Illusionen und Verführungen der ‚sinnlich-materiellen' Welt frei machen können, ist auch Ihnen eine Rückkehr in das WAHRE GÖTTLICHE LICHT möglich. Nur wird dieser Pfad demjenigen zu Anfang dieser **Umkehr** sehr steil und sehr steinig erscheinen. Je weiter dieser Mensch oder dieses Wesen jedoch auf diesem Weg zu seinen wahren Ursprüngen entschlossen voranschreitet, desto mehr wird sich dieser Pfad auch für ihn wieder öffnen und wieder ebnen. Denn wir alle, jeder einzelne von uns, tragen ganz tief in uns diesen golden leuchtenden Funken des WAHREN GÖTTLICHEN LICHTES. Oder, wenn man so will: wir tragen den Funken der GÖTTLICHEN SCHÖPFUNG des EINEN, des Weltenschöpfers, ganz tief in uns selbst.

Von ‚Lichtorten' und ‚Lichtbotschaften'

Energieorten und Magischen Orte des ‚WAHREN GÖTTLICHEN LICHTES' sind so auch immer zugleich ‚Lichtorte' für den Suchenden. Während Sie an Orten und Plätzen der ‚dunklen Seite' KEINERLEI ERNERGIE spüren können, sind hier stets auch Lichtbotschaften des WAHREN GÖTTLICHEN LICHTES für uns ‚versteckt, oder wenn man so will: ‚dort für uns hinterlegt'. Diese können von anderen Wesen, dem Universum selbst; aber auch von unserem EIGENEN unsterblichen ICH in einer früheren Inkarnation genau dort für unser aktuelles ‚Hiersein' als Mensch ‚deponiert' worden sein. Dabei kann es sich um ‚einfache Botschaften', ‚materiegebundene Gegenstände', aber auch zum Beispiel um ‚materiefreie Schlüssel' zu höheren Ebenen der Erkenntnis handeln. Immer, wenn wir unserer Intuition oder, wenn man so will, unserer ‚Inneren Stimme' folgen, werden wir auch genau an diese Orte geführt. Man kann dies vielleicht, wenn man einen Begriff oder eine Vorstellung dieser irdischen Welt dafür finden möchte, mit einem uns bisher noch unbekannten ‚Riesen-Puzzle' vergleichen. Wie ein Archäologe sind Sie nunmehr dabei, Stück für Stück dieses Ganzen freizulegen und so zu entdecken. Die Erkenntnis wächst dabei mit jedem bereits ‚freigelegten' Puzzle-Steinchen.

‚Energieorte' und ‚Magische Orte' sind so immer Erscheinungen des WAHREN GÖTTLICHEN LICHTES. Schon früh haben die Menschen dieser jeweiligen Gebiete erkannt, welche ‚guttuenden' Wirkungen von ihnen ausgehen. Schon in den ältesten schriftlichen Überlieferungen dieser Welt und so zum Beispiel auch in der ‚Edda' oder in den ‚germanischen Mythen' finden sich Beschreibungen von diesen Erscheinungsorten des WAHREN GÖTTLICHEN LICHTES. Diese Erscheinungsorte des WAHREN GÖTTLICHEN LICHTES sind so:

- auch heute noch ‚naturbelassene' Orte und Plätze [2]
- teilweise gestaltete oder teilweise **um**baute und in diesem Band mit ‚Magische Orte' bezeichnete Erscheinungsorte [3]
- teilweise oder vollständig **über**baute ‚Energieorte' [4]

Im Gegensatz zu den auch heute noch ‚naturbelassenen' Orten und Plätzen (‚lost places') wurden die teilweise gestalteten oder teilweise **um**bauten ‚Magischen Orte' meist zur Verstärkung der von Ihnen auf die Menschen ausgehenden GÖTTLICHEN KRÄFTE von den Menschen dieser Gebiete ‚geformt'. Als die ‚Welle der Christianisierung' über diese Gebiete ‚hinwegschwappte' wurden diese Orte dabei sehr oft im kirchlichen Sinne **über**baut. Die in diesem Band als ‚Energieorte' bezeichneten Erscheinungsorte des WAHREN GÖTTLICHEN LICHTES waren somit in früheren Zeiten in den meisten aller Fälle naturbelassene oder **um**baute LICHTORTE. Dies ist zunächst einmal nicht zwingend ‚negativ' besetzt. Kritisch wird es nur in den Fällen, wenn diese Erscheinung des WAHREN GÖTTLICHEN LICHTES dazu genutzt werden sollte, um Ziele der Menschen und Wesen HINTER diesen Konfessionen bei den ursprünglichen Menschen dieser Gebiete, so zusagen gegen deren Willen, ‚durchzusetzen'. Dies gilt weltweit.

Das WAHRE GÖTTLICHE LICHT wirkt IMMER konfessionslos. Es ist frei von jeglicher Indoktrinierung und frei von jeglichem Zwang einer ausübenden Autorität. Es ist eine Erscheinung des Wirkens des EINEN **in** dieser Welt. Es ist somit NICHT möglich, die ‚guttuende Wirkung dieser Erscheinung für egoistische oder gruppenegoistische

---

[2] Dies sind die in diesem Band der LICHTREIHE von John R. McCollins als ‚lost places' bezeichneten Orte und Plätze, welche meist tief im Wald versteckt liegen und auf keiner Karte verzeichnet sind.

[3] So zum Beispiel mit Menhiren gestaltete ‚heilige Bezirke' und so auch meist Kultstätten unserer frühen Vorfahren in diesem Gebiet. So zum Beispiel der ‚Steintanz von Lenzen'. Siehe Kapitel: ‚Von Magischen Orten' dieses Bandes.

[4] Siehe auch das Kapitel ‚Von Energieorten' dieses vierten Bandes der LICHTREIHE von John R. McCollins.

Ziele so zusagen zu ‚missbrauchen'. In diesen Fällen zieht sich die Erscheinung des WAHREN GÖTTLICHEN LICHTES von diesem Ort zurück und erscheint so an einem anderen Ort wieder. Alle an diesem Platz oder an diesem Ort danach (scheinbar) ‚wahrgenommenen Wirkungen' finden somit meist nur noch in den ‚Köpfen' der derart ‚konditionierten' [5] Menschen statt.

Es gibt jedoch auch Fälle, wo die Erscheinung des WAHREN GÖTTLICHEN LICHTES an diesem Ort verbleibt, aber nur noch ganz lokal in einem ganz kleinen Bereich konzentriert ist. Dort jedoch in einer schier unglaublichen Energiedichte, wie wir sie sonst nur an ursprünglichen HAUPTENERGIEORTEN spüren können. [6] Ein solcher Ort scheint so auch im ‚Tempelort Groß Raden' in der Nähe von Sternberg in Mecklenburg-Vorpommern vorhanden zu sein. [7]

Wie wir bereits wissen, ist das WAHRE GÖTTLICHE LICHT in ALLEN Erscheinungen dieser Welt vertreten. Es ist so der ‚Göttliche Faden'. oder genauer noch: DER GÖTTLICHE LICHTSTRAHL, welcher HINTER allen diesen Erscheinungen wirkt und ‚webt'. [8]

So können Sie, wenn Sie die Stille in sich selbst erschaffen haben, [9] diese Erscheinungen in ALLEN Dingen dieser Welt erspüren. Sie müssen einfach nur AUFMERKSAM in diese STILLE hineinlauschen. Unsere NEUE AUFMERKSAMKEIT, oder genauer noch: unsere **neue Achtsamkeit**, allen Erscheinungen dieser Welt gegenüber ist der Schlüssel dazu. Immer wenn Sie so zum Beispiel alte Bäume

---

[5] Siehe auch das Kapitel: ‚Vom Traum, vom Denken und vom Geist' und das Kapitel: ‚Vom Begriff von der Symbolik und von der Allegorie' dieses Buches.
[6] So zum Beispiel im Süden Deutschlands in der Basilika ‚Vierzehnheiligen' in der Nähe von Bad Staffelstein.
[7] Siehe auch das Kapitel: ‚Von Magischen Orten' dieses Buches.
[8] Siehe auch das Kapitel: ‚Von Raum und Zeit' des 3. Bandes der LICHTREIHE von John R. McCollins, ISBN: 978-3-759233-99-8 (E-Book: ISBN 978-3-759235-48-0).
[9] Siehe 3. Band der LICHTREIHE von John R. McCollins – Kapitel: ‚Von der Erschaffung der Stille in Dir'.

umarmen oder einfach nur am Wasser sitzen und den Tanz der tausend kleinen Sonnenpünktchen auf dieser Wasseroberfläche FREI VON ALLEN GEDANKEN und FREI VON ALLEN IRDISCHEN VORSTELLUNGEN BEOBACHTEN, sendet Ihnen das GÖTTLICHE SELBST bereits seine Energie- und Lichtbotschaften zu. Dies ist bereits eine Form des ‚absichtslosen Beobachtens' frei von jeglichem Gedanken und frei von jeglichem irdischen Verlangen. Frei von Wünschen, Vorstellungen, Meinungen, Vorurteilen und Wertungen.

Es ist dies die erste Stufe des
WAHREN GÖTTLICHEN SCHAUENS.

„Im Vorüberströmen sieht man
nichts genau und erkennt nichts."
Seneca

Von ‚Energieorten' [10]

Mittlerweile in diesem vierten Band der LICHTREIHE von John R. McCollins angekommen, haben wir bereits den Entwicklungsstand erreicht, an dem es für uns geraten erscheint, Lichtorte, Energieorte und magische Orte zum Nutzen unserer weiteren Entwicklung, zum Aufstieg zum WAHREN GÖTTLICHEN LICHT, aufzusuchen.

Aber auch hier gilt wieder: ‚planen' sie bitte diese Reisen nicht so, wie Sie vielleicht bisher eine Urlaubsreise ‚durchgeplant' haben. Folgen Sie dabei Ihrer Intuition und ihrer ‚Inneren Stimme'. Es ist meist mehr als ausreichend, das (ursprüngliche) Ziel dieser Reise festzulegen. Auf Ihrem Weg dahin werden Sie von ihrer ‚inneren Stimme', Ihrer ‚Intuition' oder, wenn man so will, dem GÖTTLICHEN in ihrem ICH-Selbst geleitet werden.

„Intelligenz, die voll erwacht ist, ist Intuition, und Intuition ist die einzig wahre Führung im Leben."
Krishnamurti [11]

Hier wirken die gleichen Prinzipien, wie dies in der Bibel, genauer noch im Neuen Testament im Matthäus-Evangelium, bereits beschrieben ist:

„Wenn Sie euch nun überantworten werden, so sorget nicht, wie oder was ihr reden sollt; denn es soll euch zu der Stunde gegeben werden, was ihr reden sollt." [12]

Gemeint ist hier: **es wendet sich alles zum Guten, wenn wir die GÖTTLICHE LICHTENERGIE in uns einfach nur ‚fließen' lassen.** Frei

---

[10] Der Begriff ‚Energieort' wird in diesem Buch vom Verfasser für Orte des WAHREN GÖTTLICHEN LICHTES verwendet, welche im Laufe der menschlichen Entwicklung zum Teil oder sogar vollständig von Menschen ‚überbaut' wurden.
[11] Quelle: Krishnamurti: Freiheit und wahres Glück, Heyne, München, 2007, S. 115, ISBN: 3453700627
[12] Die Bibel, Neues Testament, nach der Übersetzung von Dr. Martin Luther, Verlag Canstein Halle/Saale, Ausgabe 1890, Matthäus 10,19

von jeglichem Denken und frei von jeglichem Gedanken. Frei von Furcht und frei von allen Ängsten und Bedenken. Frei von allen ‚tönenden Stimmen' und frei von allen Manipulationen, welche uns von unserem Platz, an dem wir den Himmel mit der Hand berühren können, weglocken wollen.

Die nachfolgend gegebenen Anregungen sollen Ihnen (also Ihrem ICH-Selbst), die möglichen ersten Schritte auf diesem Weg erleichtern. Die hier gegebenen Anregungen wollen sich auf gar keinen Fall als ein ‚Reiseführer' zu solchen besonderen Orten verstehen. Den Weg zu IHRER ganz persönlichen Bestimmung als Mensch, als Individuum, als Mensch unter Menschen, können NUR SIE SELBST FINDEN. Es ist IHR GANZ PERSÖNLICHER WEG ZUR WAHRHEIT. Frei von allen ‚tönenden Stimmen'. Frei von allen ‚Einflüsterungen der schwarzen Hasen der Manipulation' [13] und frei von jeglichen ‚Konditionierungen' [14] ihres Denkens, Fühlens und Handelns und somit frei von jeglicher fremder Autorität.
Dieses Buch will Ihnen nur EINEN möglichen Anfang, so zusagen Ihren ganz persönlichen ‚Faden der Ariadne' [15] in die Hand geben. IHREN Weg zur Wahrheit und so zum WAHREN GÖTTLICHEN LICHT können jedoch nur SIE SELBST suchen, finden und bis zu seinem (vorläufigen) Ende auch nur selbst beschreiten. Und so weiß Ihr ICH-Selbst dabei am besten, welche weiteren Schritte dabei und dazu erforderlich und geboten erscheinen. Es ist IHR ICH-Selbst, welches die Orte für Sie auf Ihrem Weg zum Aufstieg in das WAHRE GÖTTLICHE LICHT auswählen wird. Die Orte welche hilfreich sind und die Orte, deren Besuch für Ihren weiteren Aufstieg als Mensch

---

[13] Siehe auch das Kapitel: ‚Von Zeit und Energie' des ersten Bandes der LICHTREIHE von John R. McCollins.
[14] Siehe auch das Kapitel: ‚Vom Traum, vom Denken und vom Geist' dieses vierten Bandes der LICHTREIHE.
[15] ‚Der Faden der Ariadne' diente Theseus dazu, aus dem Labyrinth des Minotaurus wieder heraus zu finden. Griechische Mythologie.

unter Menschen erforderlich ist. Zu diesen Orte und Plätzen werden Sie geleitet werden, wenn Sie der GÖTTLICHEN STIMME ganz tief in Ihrem ICH-Selbst unvoreingenommen und offen folgen werden.

„...man muß sich selbst ein Licht sein, frei von aller Autorität" [16]   *Krishnamurti*

Alle diese Orte können so Quellen der GÖTTLICHEN LICHTENERGIE für uns sein. Nachfolgend möchte Ihnen der Verfasser einen ersten Eindruck davon vermitteln. wie sich dieses GÖTTLICHE LEITEN (das Leiten durch Ihre Intuition ganz tief in Ihnen selbst) in dieser Welt der Maya manifestieren kann.

Unsere erste Reise in unser ICH-Selbst:

An einem sonnigen Sonnabendmorgen sind wir auf dem Weg nach Neustrelitz. In einem kleinen Ort (Dambeck) werden wir sanft von unserem bisher eingeschlagenen Weg seitlich fortgeleitet. Wir folgen unserer inneren Stimme, welche so zu uns spricht bereitwillig und ohne in irgendeiner Form darüber nachzudenken [17]. Wie wir es mittlerweile gelernt haben, beobachten wir dabei sehr aufmerksam diesen neuen Weg, welcher sich uns hier so bereitwillig öffnet. Noch wissen wir nicht, was uns heute hier erwarten wird. An einer Kreuzung über eine übergeordnete Straße stellen wir die in dieser Welt der ‚Maya' nicht zu vernehmende Frage nach unserem weiteren Weg. Die Antwort kommt prompt und so folgen wir dem ursprünglichen Straßenverlauf geradeaus weiter. Wir passieren das Ortsausgangsschild und setzen unseren Weg fort. Die Schönheit dieser herbstlich erstrahlenden Allee geleitet uns weiter auf

---

[16] Quelle: „Vollkommene Freiheit", Jiddu Krishnamurti, Fischer Taschenbuchverlag, Frankfurt am Main, 3. Auflage, 2002, Seite 389, ISBN: 3596150671

[17] Und somit FREI von jeglicher Konditionierung unseres Denken, Fühlens und Handelns.

unserem Weg zu einem uns bisher noch unbekannten Ort. Kurz vor einer Wegbiegung nach rechts erkennen wir das Ziel, zu welchem uns das Universum geleitet hat. Ein Schild weist den Weg zur ‚Kirchenruine Dambeck'.

Die Informationstafel am Eingang dieses Energieortes gibt uns die Gewissheit, welche wir jedoch tief in unserem Inneren bereits ‚gespürt' haben: erbaut im Jahre 1180 im Rahmen der ‚Christianisierung' dieses Gebietes. Wir sind (wieder einmal) am richtigen Platz.[18] Bis heute wusste unser irdisches Denken nicht einmal, dass es diesen Platz hier an dieser Stelle gibt und so sind

---

[18] Haupt-Energieorte, naturbelassene Energieorte, und Energieorte, auf denen in den Jahren von etwa 900 a.D. bis ungefähr 1340 a.D. Bauwerke errichtet wurden, sind für uns auf unserem Weg zum WAHREN GÖTTLICHEN LICHT derzeit besonders förderlich. Aber auch hier gibt es (zeitliche) Ausnahmen, so zum Beispiel die Basilika ‚Vierzehnheiligen' in der Nähe von Bad Staffelstein als einer der Haupt-Energieorte im Süden Deutschlands, welche über einem Erscheinungsort des WAHREN GÖTTLICHEN LICHTES errichtet wurde.

solche Offenbarungen immer wieder ein wichtiges Zeichen des Universums für den Suchenden, dass er sich auf dem richtigen Weg befindet. Oder, anders formuliert; dass er an dem Platz verblieben ist, an dem er den Himmel mit der Hand berühren kann. In einem der kommenden Bände der LICHTREIHE von John R. McCollins werden wir uns so auch noch weiterführend mit diesem geheimnisvollen Ort beschäftigen. Dabei werden wir dort gemeinsam versuchen, die Frage zu beantworten, wo wir diesen für uns so wichtigen Platz finden können und finden werden.

Unsere heutige Entdeckungsreise in unser ICH-selbst beginnt.

Der Innenraum. Sehr gut ist hier noch der romanische Rundbogen des ersten und ursprünglichen Bauwerkes zu erkennen, welcher zu späterer Zeit weiter überbaut wurde.

Magisches Lichtspiel am hinteren Zugang. Deutlich sind die Spuren der späteren ‚Überbauung' dieses ursprünglichen LICHTORTES zu erkennen.

Unsere zweite Reise in unser ICH-Selbst...

...führt uns nach Süddeutschland. In der Nähe von Bad Staffelstein in Bayern liegen gleich mehrere (geplante) Ziele unserer heutigen Reise. Wir werden so einen der derzeit zugänglichen Hauptenergieorte im Süden Deutschlands kennen lernen. Die Basilika ‚Vierzehnheiligen' in der Nähe von Bad Staffelstein.

Mit hoher Wahrscheinlichkeit handelt es sich hierbei um einen ursprünglichen Erscheinungsort des WAHREN GÖTTLICHEN LICHTES, welche wohl zuerst **um**baut und dann mehrfach im Laufe der Jahrhunderte **über**baut wurde.

In der Basilika ‚Vierzehnheiligen' werden wir von unserer ‚Inneren Stimme', unserer Intuition zum Gnadenaltar geleitet.

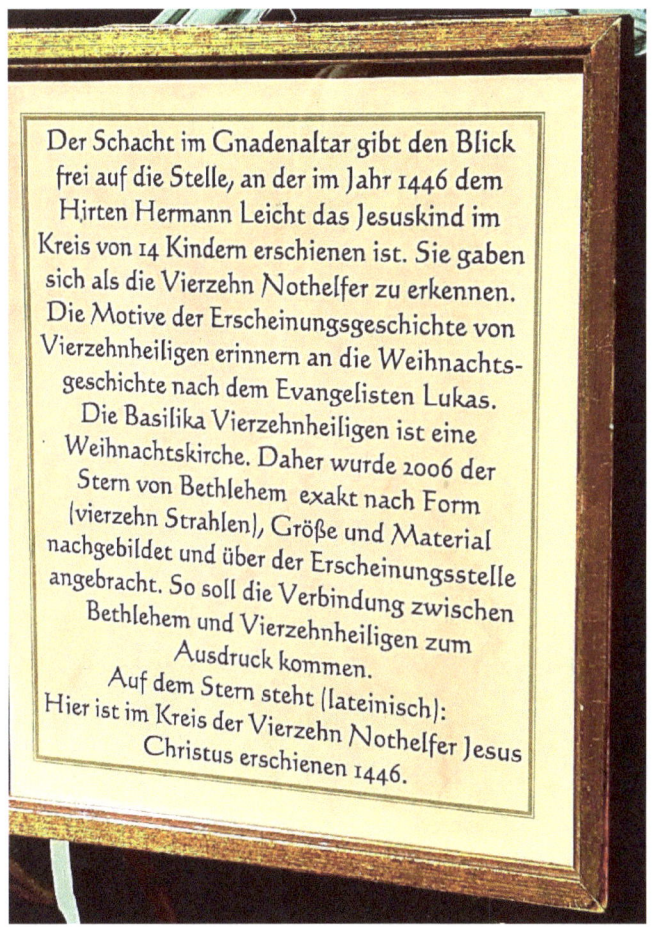

Der Schacht im Gnadenaltar gibt den Blick frei auf die Stelle, an der im Jahr 1446 dem Hirten Hermann Leicht das Jesuskind im Kreis von 14 Kindern erschienen ist. Sie gaben sich als die Vierzehn Nothelfer zu erkennen. Die Motive der Erscheinungsgeschichte von Vierzehnheiligen erinnern an die Weihnachtsgeschichte nach dem Evangelisten Lukas.
Die Basilika Vierzehnheiligen ist eine Weihnachtskirche. Daher wurde 2006 der Stern von Bethlehem exakt nach Form (vierzehn Strahlen), Größe und Material nachgebildet und über der Erscheinungsstelle angebracht. So soll die Verbindung zwischen Bethlehem und Vierzehnheiligen zum Ausdruck kommen.
Auf dem Stern steht (lateinisch):
Hier ist im Kreis der Vierzehn Nothelfer Jesus Christus erschienen 1446.

Ein Schild direkt am Gnadenaltar, dem Erscheinungsort des WAHREN GÖTLICHEN LICHTES verweist auf eine Manifestation der GÖTTLICHEN LICHTENERGIE an diesem Ort im Jahre 1446. Es ist mit einiger Wahrscheinlichkeit anzunehmen, dass bereits **vor** diesem Zeitpunkt an dieser Stelle ein Hauptenergieort des WAHREN GÖTTLICHEN LICHTES bestanden hat.

Wir verharren ehrfurchtsvoll am Schacht des Gnadenaltars, welcher uns einen flüchtigen Blick auf den Erscheinungsort des WAHREN GÖTTLICHEN gestattet. Aber auch ganz ohne unsere irdischen Sinne hierbei zu benötigen, spüren wir hier die LEBENDIGE GÖTTLICHE LICHTENERGIE, welche sich uns hier so großzügig offenbart.

Das dritte Ziel unserer Reise in unser ICH-Selbst:
Unser drittes Ziel für diese kleine Reise in unser ICH ist der Staffelstein selbst. Majestätisch erhebt sich der Staffelstein über der gleichnamigen Ansiedlung – dem heutigen Bad Staffelstein.

Am nächsten Tag unserer Reise nach Bad Staffelstein brechen wir am frühen Vormittag auf. Unser Weg führt uns auf den alten Pilgerpfaden langsam bis auf das Hochplateau, den Staffelstein hinauf. Schon in den heute am weitesten zurückreichenden Überlieferungen war an dieser Stelle stets ein als Kultstätte genutzter ERSCHEINUNGSORT DES WAHREN GÖTTLICHEN LICHTES vermeldet.

Der Blick vom Hochplateau aus auf Bad Staffelstein.

Weit reicht der Blick vom Staffelstein in das sommerlich grüne Land.
Direkt auf dem Hochplateau befindet sich die ‚Adegundiskapelle'.

Lassen Sie die lebendige Energie dieses Energieortes frei und offen
auf Ihr ICH-Selbst wirken.

Und auch hier gilt; wenn wir völlig unvoreingenommen und völlig frei von irgendwelchen Vorurteilen, Auffassungen und konditionierten Meinungen unserer ‚Inneren Stimme', unserer Intuition folgen, werden wir auf dem uns bestimmten Weg von Kräften einer höheren Ordnung geführt. Vom Hochplateau aus ‚fällt' uns eine Baumgruppe auf einem der benachbarten Berge auf.

Das starke Teleobjektiv unserer Kamera bringt uns die Gewissheit:

Es scheint sich um eine Kirche inmitten einer Baumanpflanzung zu handeln. Ein Magischer Ort, welcher im Laufe der Geschichte **um**baut und später wohl auch **über**baut wurde. Hier hat sich uns noch ein weiteres, und für uns überraschendes Ziel, so zusagen ‚offenbart'. Wir merken uns die Stelle. Wieder nach Staffelstein zurückgekehrt, folgen wir, nunmehr mit unserem Auto, diesem ‚Hinweis'. Ohne dass wir uns groß dabei auf der Karte orientieren müssen, werden wir auch dieses Mal wieder auf unserem Weg geleitet.

Uns empfängt ein seit undenklichen Zeiten bereits als Kultstätte genutzter ‚Magischer Ort', welchen man nach der Art seiner Überbauung heute üblicherweise als ‚Hainkirche' bezeichnet.

Vergessen Sie nie auf Ihrer gesamten Reise in das GÖTTLICHE LICHT, dass wir manchmal auch an Stätten geleitet werden, an denen heute für uns keine GÖTTLICHE LICHTENERGIE mehr zu erspüren ist. Aber auch dabei haben wir stets eine Aufgabe des Universums zu erfüllen. Manchmal sind wir so eben auch nur die ‚Boten' oder die ‚Mittler' von nichtirdischen Nachrichten des GÖTTLICHEN LICHTES.

Von ‚Magischen Orten' [19] *und unserer ‚neuen Achtsamkeit'*

Anders als bei Reisen zu heute auch touristisch erschlossenen Energieorten müssen wir uns an den von uns nachfolgend gemeinsam und auch im Rahmen dieses Buches besuchten natürlichen ‚Magischen Orten' sehr zurückhaltend und achtsam verhalten.

Auf allen diesen Wegen ist es absolut notwendig, die ACHTSAMKEIT UNSERER VORFAHREN gegenüber der Natur und allen in dieser Welt erklärbaren und eben auch ‚nicht so einfach erklärbaren' Erscheinungen zu leben. Nur in dieser Art unserer **‚neuen Achtsamkeit'** werden sich uns die hier für uns ‚versteckten' Energieformen und Lichtbotschaften auch tatsächlich und **vollständig** offenbaren. Vergessen Sie dabei nie: DIESE URSPRÜNGLICHEN ORTE sind KEINE Tourismus-Sehenswürdigkeiten. Wir stören hier, wenn auch in absolut guter Absicht, IMMER den Frieden dieses Ortes. Auch wenn Ihnen dieses vielleicht eigenartig vorkommt, verneigen wir uns VOR diesem Heiligtum und bitten um Vergebung für die Störung durch uns. Sie möchten ja schließlich auch nicht am Sonntag-Nachmittag ungebetenen Besuch durch Ihren Vorgarten ‚trampeln' sehen. ;-) Genauso bedanken wir uns beim Verlassen dieses Ortes. Nur so wird dieser Besuch die von uns (und eben auch vom Universum **für** uns) beabsichtigte **vollständig positive Wirkung** entfalten können. Machen Sie dies jedoch auf keinen Fall zu einem zwanghaften Ritual, etwa in der Form: ‚Ach ja, ich sollte mich ja noch bedanken…' oder so ähnlich. Lassen Sie alles direkt aus Ihrem Herzen, aus Ihrem ICH und aus Ihrer Seele ‚fließen'. Seien Sie sich gewiss: an diesen Orten ist **immer** jemand, der bis in Ihr Herz schauen kann.

---

[19] Als ‚Magische Orte' werden in diesem Band der LICHTREIHE teilweise gestaltete oder teilweise umbaute Erscheinungsorte des WAHREN GÖTTLICHEN LICHTES bezeichnet.

Unser erstes Beispiel...

...führt uns in den Norden Deutschlands. An einen Ort des WAHREN GÖTTLICHEN LICHTES.[20] Begleiten Sie den Autor auf einer kurzen Reise durch Mecklenburg. In einem bestimmten Landstrich zwischen Güstrow und Sternberg befinden sich gleich mehrere dieser ‚Magischen Orte'. Bekannte und Unbekannte und ‚lost places'[21]. Beabsichtigtes Ziel unseres heutigen Ausfluges in diese mystische Vergangenheit ist zunächst einmal der ‚Steintanz von Lenzen'. Doch bereits auf unserem Weg dorthin streifen wir Orte voll geheimnisvoller Magie. Wir sind früh am Morgen aufgebrochen und so steht die Sonne noch sehr tief am herbstlichen Himmel als wir auf den Weg nach Bolz abbiegen.

---

[20] Der Begriff ‚Magische Orte des WAHREN GÖTTLICHEN LICHTES' meint hier so viel, wie ENERGIEORTE des WAHREN GÖTTLICHEN LICHTES, welche auch heute noch in ihrer ursprünglichen ERSCHEINUNGSFORM aufzufinden sind. Dazu zählen, im Sinne dieses Buches, aber auch die ENERGIEORTE, welche in früheren Entwicklungsstufen der ursprünglich in diesem Gebiet lebenden Menschen, meist als heute noch so benannte ‚Kultstätten', überbaut wurden.

[21] Unter ‚lost places' werden hier, meist tief im Wald verborgene und auf keiner Karte verzeichnete, Energieorte des WAHREN GÖTTLICHEN LICHTES verstanden.

Kurz vor der Brücke zwischen dem Mustiner See und dem Lenzener See folgen wir unserer inneren Stimme, unserer Intuition, und halten an. Der morgendliche Herbstzauber dieser so ruhig vor uns liegenden Landschaft nimmt uns ganz in seinen geheimnisvoll erscheinenden Bann auf.

Am Ufer eines dieser Seen bleiben wir stehen und verweilen. Absolut nichts und niemand stört die magische Ruhe und Erhabenheit dieses Ortes.

Weit von uns entfernt zieht eine Familie Gänse ruhig ihre Bahnen durch diesen Spiegel aus Licht und Farben. Tausende kleiner Sonnen tanzen über diese Wasseroberfläche dahin und senden unserem ICH-Selbst Lichtbotschaften zu. Verständlich für unser ICH-Selbst, aber unverständlich für unser ‚sinnlich-materielles' Denken.

Offenen Geistes für diese Botschaften und diese LICHTENERGIE bleiben und verweilen wir hier. Niemand hetzt uns, wenn wir es selbst nicht tun.

Ganz nah am Ufer spiegelt sich die so strahlend die Nacht vertreibende Morgensonne im golden glänzenden Wasser dieser Seen. Fast scheint es so, als ob im Wasser eine zweite golden leuchtende Sonne erschienen wäre.

Nach geraumer ‚Zeit' setzen wir unseren Weg fort. Über einen schmalen Plattenweg erreichen wir den kleinen Ort Lenzen von einer für den alltäglichen Besucher ungewohnten Seite. Am Ortsrand lassen wir unser Auto zurück und setzen unseren Weg zu Fuß über den von landwirtschaftlichen Fahrzeugen breit ausgefahrenen und unbefestigten Sandweg fort.

Unser weiterer Weg führt uns an einem sogenannten ‚Hügelgrab' vorbei. In anderen Landstrichen werden dieses auch als ‚Hünengräber' [22] bezeichnet. Meist wurden diese an sehr exponierten Stellen angelegt und sind, so wie hier, leider oft von der jahrhundertelangen Bewirtschaftung dieser Landschaft bereits arg in ‚Mitleidenschaft' gezogen worden.

An solchen Stellen werden Sie leider meist vergeblich nach der Energie des GÖTTLICHEN LICHTES suchen. Dafür hat es sich aber an den verborgenen und geschützten Stellen (und an den ‚lost

---

[22] Meist versteht sich in diesen Landstrichen Deutschlands unter dem Begriff ‚Hünengrab' die Grabstätte von Riesen oder zumindest (sehr) großwüchsigen Wesen.

places'[23]) umso stärker manifestiert. Einer dieser geschützten Orte ist das geplante Ziel unserer heutigen Reise.

Als in späteren Zeiten die sogenannte ‚Christianisierung' wie eine Welle auch über das Land der hier ursprünglich ansässigen Volksstämme ‚hinwegspülte', findet man diese Kultstätten meist nur noch versteckt angelegt. Eine solche versteckter Kultstätte ist heute eines unsere Ziele. Der ‚Steintanz von Lenzen' eine kreisförmig angelegte Gruppe von Menhiren. [24]

Ein Wegzeichen am Rand dieses Sandweges gibt uns die Gewissheit, dass wir auf dem richtigen Weg sind.

---

[23] Unter ‚lost places' werden hier, meist tief im Wald verborgene und auf keiner Karte verzeichnete, Energieorte des WAHREN GÖTTLICHEN LICHTES verstanden.

[24] Menhire (auch als Sonnensteine bezeichnet) findet man zum Beispiel auch in dem Gebiet des heutigen Frankreich. Dies ist nicht weiter verwunderlich, da diese beiden Gebiete ursprünglich gemeinsam dem ‚Fränkischen Reich' (auch als ‚Frankenreich' bezeichnet) angehörten. Erst im 9. Jahrhundert wurde dieses Gebiet geteilt. Der östliche Teil wurde danach zuerst als ‚Heiliges Römisches Reich' und der westliche Teil als ‚Königreich Frankreich' und später als ‚Frankreich' bezeichnet. Unsere gemeinsamen Wurzeln reichen also, auch geografisch betrachtet, weiter, als man dies gemeinhin heute annimmt. :-)

Eine Libelle begleitet uns auf unserem Weg. Libellen, welche im Volksmund auch ‚Himmelsboten Gottes' genannt werden, sind die Glücksbringer auf solchen Wegen und ein Zeichen ganz besonderer Anteilnahme des Universums an unserer heutige Reise. Auch dies ist eine Form unserer ‚neuen Achtsamkeit'.

Am Waldrand begrüßt uns schon ein steinerner Wächter und markiert so den Beginn des ‚heiligen Bezirkes'. Wir sind am Ziel.

Unsere Suche führt uns über den ursprünglichen, und heute nur noch schwer auszumachenden, Zugang zum Heiligtum. Langsam schälen sich die Umrisse der hier aufgerichteten Menhire (Sonnensteine) aus dem Halbdunkel dieses herbstlichen Waldes. Die Sonne lässt für uns ihre milden Strahlen erhaben durch das bereits herbstlich verfärbte Blätterdach gleiten.

An der Grenze zum inneren Heiligtum verhalten wir, verneigen uns in Ehrfurcht und bitten aus reinstem Herzen um Vergebung unserer Störung. Dann setzen wir unseren Weg fort.

Der Steintanz von Lenzen. Im Vordergrund kann man einen Stein, des nur für den danach Suchenden ebenfalls vorhandenen, **äußeren** Steinkreises sehen. Im Zentrum des inneren Steinkreises befindet sich der (fast immer vorhandene, aber nicht immer so einfach sichtbare) Zentrumsstein. Öffnen Sie sich diesem Energieort. Folgen Sie Ihrer inneren Stimme und erkunden Sie diesen Magischen Ort. Die lebendige Energie wird Sie dabei leiten und führen.

Wenn Sie das ‚Gefühl haben', dass Ihre Aufgabe, die Sie an diesen Ort geführt hat, erfüllt ist, verlassen Sie diesen Ort wieder ganz in sich selbst ruhend. An der Grenze des heiligen Bezirkes wenden wir uns nochmals um und bedanken uns für die Gaben, die wir heute hier erhalten haben.

Auch wenn Ihnen dies an dieser Stelle vielleicht (noch) irgendwie ‚eigenartig' vorkommen kann; manchmal sind wir auch einfach nur vom Universum dazu erwählt worden, um Lichtbotschaften zwischen einzelnen Energieorten zu übermitteln. Aber auch dann verbleibt jedes Mal ein kleiner Teil dieser Lichtenergie bei uns und hilft uns so dabei, unsere ganz persönliche Aufgabe weiter zu erfüllen.

Unser zweites Beispiel...

...soll uns zum Tempelort Groß Raden in der Nähe von Sternberg in Mecklenburg Vorpommern führen.

Dieser Lichtort des WAHREN GÖTTLICHEN LICHTES wurde bereits in den am weitesten zurückreichenden Überlieferungen der Besiedlungsgeschichte dieses Gebietes nachweislich erwähnt. Mit seiner, auch heute wieder zugänglichen, Befestigungsanlage im See war der Tempelort Groß Raden nicht nur ein möglicher Zufluchts- und Rückzugsort, sondern auch immer schon ein magischer Ort, ein Erscheinungsort der WAHREN GÖTTLICHEN LICHTERNERGIE für die hier lebenden Menschen.

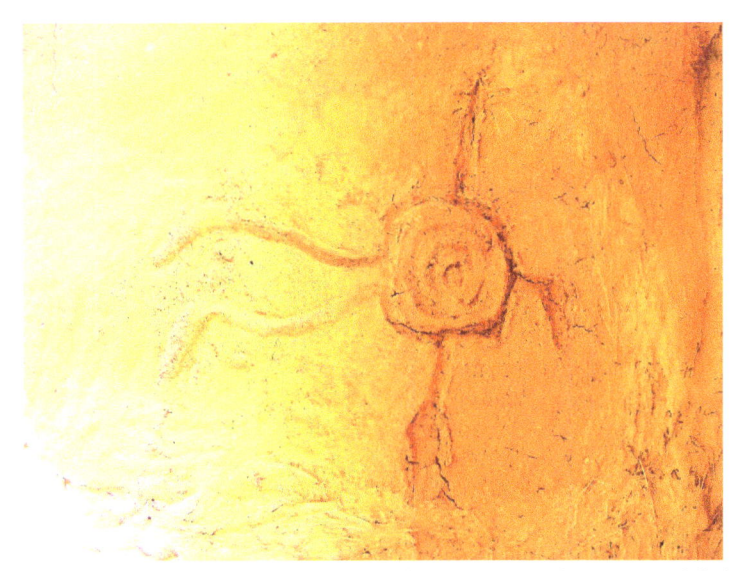

Lassen Sie sich von der Magie dieses Ortes leiten und folgen Sie dabei einfach vorbehaltlos Ihrer Inneren Stimme, Ihrer Intuition.

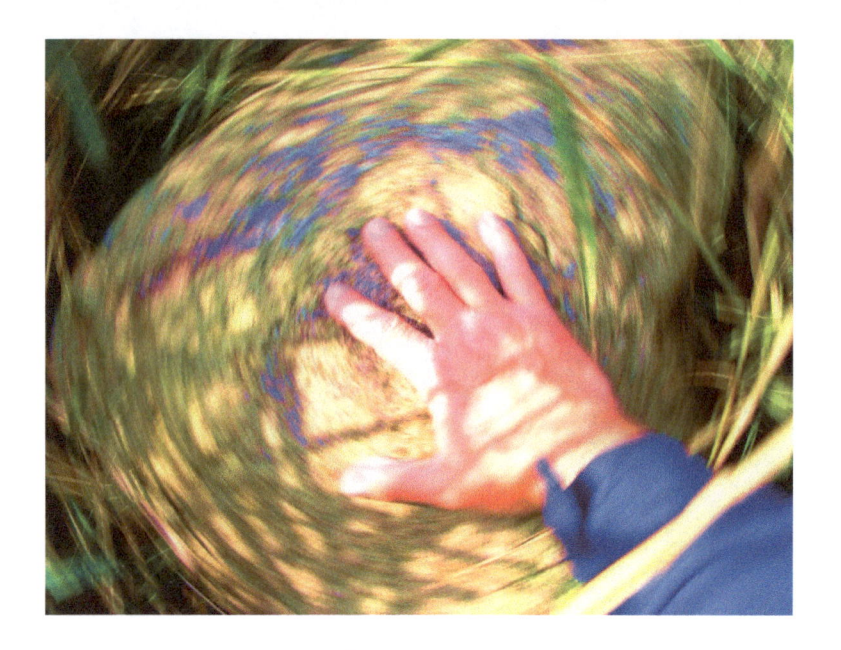

Ganz sicher werden Sie die für Sie dort versteckten Energiequellen ‚erspüren' und auffinden. Und so wird es Ihnen gelingen, die dort nur für Sie ganz persönlich ‚versteckten' und verborgenen Lichtbotschaften zu empfangen. Diese Lichtbotschaften, welche für Ihren weiteren Weg zur GÖTTLICHEN WAHRHEIT erforderlich und hilfreich sind.
Übrigens empfiehlt es sich auch, dem Besucherzentrum am Eingang zum Tempelort einen Besuch abzustatten. Im Obergeschoß der Ausstellung ist so zum Beispiel auch ein kleiner Teil der originalen und durch den extrem sauerstoffarmen Schlamm des Sees auch sehr gut erhaltenen Befestigungsanlage aus Holz ausgestellt... :-)

Lost Places...

Ganz in der Nähe unserer heutigen Reise ins ICH wagen wir zum Abschluss noch einen kleinen Abstecher zu einem der ‚Lost Places'. in diesem Landstrich. Tief im Wald verborgen, offenbart sich dieser ursprüngliche ENERGIEORT nur demjenigen, welcher reinen Herzens danach sucht.

Auf keiner Karte verzeichnet, kann man solche LICHTORTE nur dann finden, wenn man frei von allen irdischen Gedanken, frei von allen Vorurteilen und frei von jeglichem Verlangen und reinen Herzens danach sucht. Allen anderen Menschen und Wesen bleibt der Zugang zu der an diesen Orten verborgenen GÖTTLICHEN LICHTENERGIE verschlossen.

Vergessen Sie bitte nicht: auch hier verbeugen wir uns bitte am Rande dieses Heiligtums und bitten aus reinstem Herzen um Vergebung für unsere Störung. Dann setzen wir unseren Weg durch diesen so ruhigen und absolut menschenleeren Teil dieses dichten Waldes fort. Langsam umrunden wir dabei diesen ERSCHEINUNGSORT DES WAHREN GÖTTLICHEN LICHTES. Alle Gedanken in uns sind zur Ruhe gekommen. Unseren Fokus halten wir dabei, wie wir dies bereits in den vorherigen Bänden der LICHTREIHE geübt haben, in unserer Seele und unserem unsterblichen ICH.

Im Nordwestlichen Bereich dieses ‚Lost Places' offenbart sich uns die unbändige Kraft der GÖTTLICHEN LICHTENERGIE in ihrer vollen Stärke. Die unbändige und unwiderstehliche Energie der Weißen

Kraft durchströmt unseren Fokus und löscht für diesen Moment Zeit und Raum in uns und für uns aus...

Unsere dritte Reise...

...zu ‚Magischen Orten' des WAHREN GÖTTLICHEN LICHTES wird uns nach Mitteldeutschland führen. An eine Stelle und Stätte, welche bereits von Johann Wolfgang von Goethe auf einer seiner Harzreisen besucht wurde. Dieser Magische Ort, der Brocken, die höchste natürliche Erhebung im Norden mit ‚offiziellen' 1142 m über ‚Normalnull', hat Goethe zu einem seiner bekanntesten Werke inspiriert. Gemeint ist hierbei ‚Faust – Erster Teil'. Bei Fausts Ausflug auf den legendäre ‚Blocksberg' handelt es sich nämlich um nichts anderes, als den Brocken zur Walpurgisnacht.

Auch heute noch wird dort alljährlich in der Nacht vom 30. April auf den 1. Mai eines jeden Jahres die sogenannte ‚Walpurgisnacht' begannen.

Unsere Reise beginnen wir dieses Mal mit der ‚Harzquerbahn', einer historischen Schmalspurbahn, welche von Wernigerode am Nordharz, unserem Ausgangsort, nach Nordhausen am Südharz führt.

Heute werden wir jedoch in ‚Drei Annen Hohne' auf die ‚Brockenstrecke' umsteigen. Bereits die Fahrt mit dieser historischen Bahn ist schon eine kleine ‚Zeitreise' zurück zur Jahrhundertwende des letzte Jahrhunderts. Mit jedem Meter, den unsere dampfbetriebene Lokomotive zurücklegt, erklimmen wir mehr und mehr das sich so majestätisch vor uns erhebende Brockenmassiv.

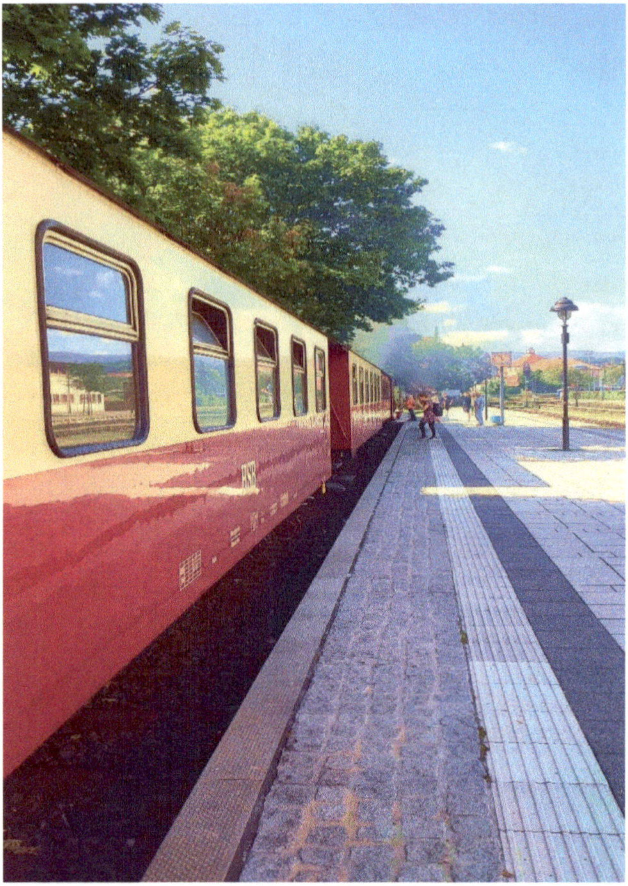

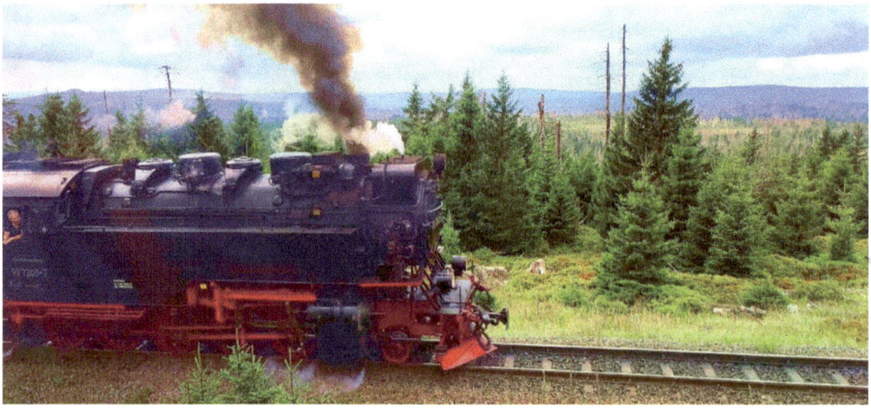

Unser Zug hat das Brockenmassiv erreicht.

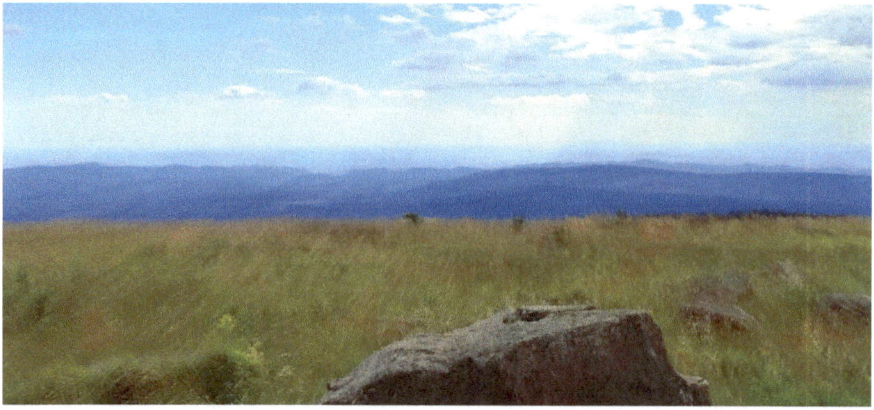

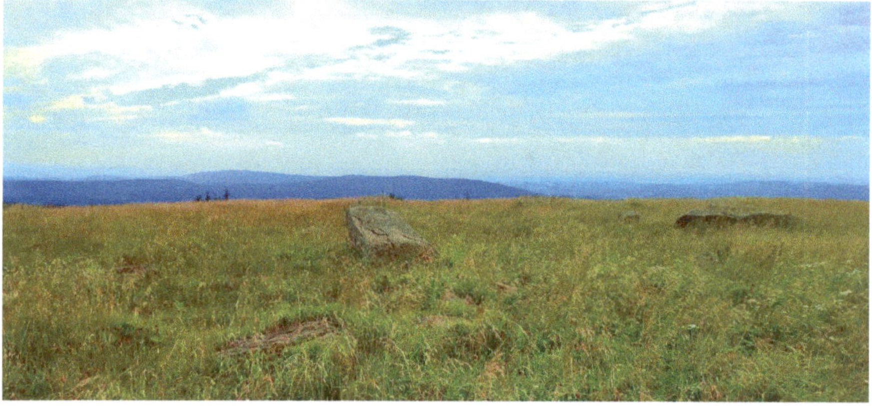

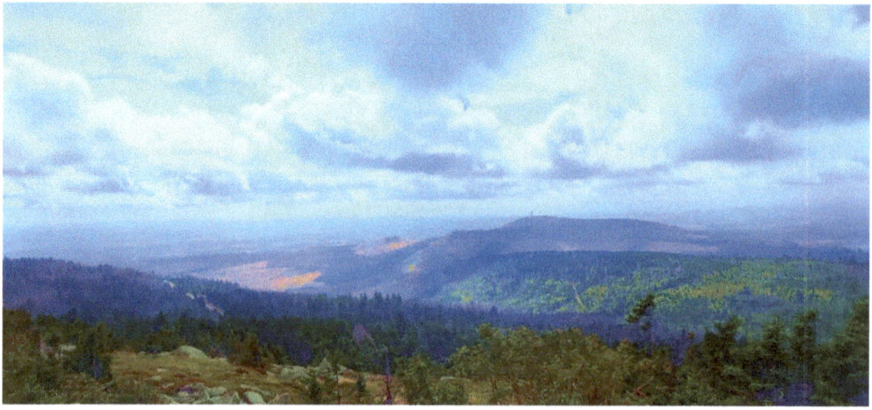

Die Magie dieses Energieortes nimmt uns in ihren Bann. Der wahre Zauber dieses Magischen Ortes, dieses Erscheinungsortes des WAHREN GÖTTLICHEN LICHTES, offenbart sich uns jedoch erst am Abend, als sich bereits der Trubel der Besucher gelegt hat und die ursprüngliche Ruhe und Erhabenheit wieder auf den Brocken zurückgekehrt ist.

Wir haben für heute Nacht ein Zimmer beim Brockenwirt im Brockenhotel reserviert. Gelassen beobachten wir, wie ein Tagesausflügler nach dem anderen wieder das Brockenmassiv verlässt. Der letzte Zug der Harzquerbahn für heute verlässt leise schnaufend den Endbahnhof und tritt seine Heimreise in sein Depot nach Wernigerode an. Ruhe senkt sich über uns. Erhabene und ursprüngliche Ruhe. Fern ab von jeglichen Dingen dieser Welt, welche die noch unerlösten Menschen als Ihre ‚wahre Welt' ansehen. Der Abend bricht an und offenbart uns in einem mystischen Lichtspiel den wahren Zauber dieses geheimnisvollen Ortes.

Golden leuchtende Wolken ziehen ihre Bahnen in der langsam hinter dem sichtbaren Horizont ‚versinkenden' Abendsonne.

Die Nacht senkt sich auf uns herab. Am Firmament beginnen unzählige Lichtpünktchen zu flimmern. Erhaben wölbt sich der Nachthimmel über uns. Es ist, als wollte uns das Universum die Unendlichkeit unseres Daseins als unsterbliches ICH offenbaren. Gefangen vom Zauber dieser so stillen und ruhigen Nacht verweilen wir noch etwas hier. Sozusagen auf Du und Du mit dem Universum und mit der ursprünglichen Schöpfung des EINEN selbst.

Vom ‚Nahtorerlebnis' und vom ‚zeitlich begrenzten Verlassen des irdischen Körpers'

„Du stirbst, wenn deine Götter sterben. Denn du lebst von ihnen. Und du kannst allein von dem leben, woran du sterben kannst."
Antoine de Saint-Exupéry

Viele Jahre lang wurden diese realen ‚Nahtoderlebnisse' als ‚Spintisieren' oder eben auch als ‚Störungen in den Hirnströmen eines Sterbenden' oder auch als ‚Trost-Gen, um den Tod weniger schrecklich zu empfinden' bezeichnet. Selbst einige Vertreter der sogenannten ‚Schulmedizin' nahmen sich manchmal hiervon nicht völlig aus. In den letzten Jahren scheint es hierbei jedoch (langsam) ein Umdenken zu geben. So sind mittlerweile eine ganze Reihe von Büchern ‚auf den Markt gekommen', welche sich mit dieser Thematik beschäftigen. Auch eine ganze Reihe von sogenannten ‚Fernseh-Dokumentationen' wurden dazu bereits ausgestrahlt. Ein jeder Leser mag an dieser Stelle jedoch persönlich für sich selbst entscheiden, in wie weit der Begriff ‚Dokumentation' hierfür für ihn ganz persönlich angemessen erscheint und ‚wie sachlich' in dem jeweiligen Medium mit den Vorgängen im sogenannten ‚Nahtodbereich' dabei umgegangen wird.

Das Erkennen des bisher Unsichtbaren beginnt mit dem Glauben an das Unsichtbare - mit dem Glauben an die uns umgebende höhere Welt.

oder, wie das Deutsche Sprichwort dies formuliert:

„Der Glaube versetzt Berge."
Deutsches Sprichwort

Ganz klar muss man hierbei jedoch ‚das zeitlich begrenzte Verlassen des irdischen Körpers' von einem ‚wahren Nahtoderlebnis' abgrenzen. Auch, wenn wir uns dessen derzeit vielleicht (noch) nicht bewusst sind; das zeitlich begrenzte Verlassen des irdischen Körpers ist ein sehr häufiger, ja sogar alltäglicher, Vorgang, Ein Vorgang, welcher in der Regel mehrfach an einem irdischen Tag stattfindet. Dieses ‚zeitlich begrenzte Verlassen des irdischen Körpers' durch unseren Geist erfolgt dabei jedoch im Allgemeinen in der Form, dass es von unserer irdischen ‚sinnlich-materiellen' Wahrnehmung unbemerkt abläuft. Wir werden uns dessen in dieser Welt der ‚Maya' nicht bewusst. Erst wenn wir auf unserem selbstgewählten Weg noch weiter voran geschritten sein werden, kann sich uns auch dieses ‚besondere Erlebnis' in seinem **wahren und vollständigen** Umfang erschließen. Daher werden wir uns erst zu einem späteren Zeitpunkt, so zum Beispiel in einem weiterführenden Buch von John R. McCollins hiermit tiefgreifender beschäftigen. Im Rahmen dieses Buches wollen wir so im Kapitel: ‚Vom Lösen unseres unsterblichen ICH vom irdischen Körper' daher auch nur ein **erstes Verständnis** von diesen Vorgängen entwickeln.

Bevor wir uns jedoch weiterführend den ‚wahren Nahtoderlebnissen' zuwenden, wollen wir zunächst einmal unsere bisherigen Erkenntnisse dazu kurz zusammenfassen:

- „Wenn man die Beschreibungen von sogenannten ‚Nahtoderlebnissen' betrachtet, fällt signifikant auf, dass ein Element dieser ‚Erlebnisse' stets exakt gleichlautend beschrieben wird: Die Menschen schildern stets, dass sie sich auf ein Licht zubewegt haben. Ein leuchtendes, goldenes, warmes und Liebe verströmendes Licht. Interessanterweise wird diese ‚Erscheinung' sogar in fast allen Teilen dieser Welt völlig identisch geschildert. Sie ist somit völlig unabhängig vom Bildungsgrad, der Bevölkerungsgruppe und dem sozialen Umfeld dieser Menschen." **(Erster Band der LICHTREIHE von John R. McCollins – Kapitel: ‚Ausblick auf das zweite Buch der LICHTREIHE')**

- „Am Ende dieses irdischen Lebens gibt es für uns einen Moment, in dem die ‚Bilder unseres Lebens, wie ein Film an uns vorüber ziehen', wie aus Nahtod-Erfahrungen heraus berichtet wird. In diesem kurzen Moment sind wir in der Lage, dieses gerade vergehende Erden-Leben (diese Inkarnation) vollständig und losgelöst von den bisherigen Beschränkungen dieses Wirklichkeitsstrahls zu überblicken." **(Zweiter Band der LICHTREIHE von John R. McCollins – Kapitel: ‚Experimente mit dem Reiter der maximal möglichen Willensanstrengung als Mensch')**

- „Beim Verlassen unseres derzeitigen irdischen Körpers (im sinnlich-materialistischen Sprachgebrauch auch als ‚Tod' bezeichnet) werden, stark vereinfacht dargestellt, unsere irdischen Erinnerungen an dieses vorangegangene ‚Leben' in eine höhere Bewusstseins-Ebene übertragen. Genauer gesagt, in eine höhere Bewusstseins-Ebene KOPIERT. Die Schilderung von Personen mit einer ‚Nahtoderfahrung', dass ‚die Bilder ihres Lebens, wie in einem Film an ihnen vorbeigezogen sind' ist eine der möglichen (subjektiven) Wahrnehmungen dieser ‚Übertragung' auf eine höhere (weil geistige) Ebene. Mit unseren ausschließlich irdischen Sinnen einer nun folgenden Verkörperung (Inkarnation) können wir diese ‚erhöhten' Erinnerungen nunmehr nicht mehr erreichen. Wir sprechen daher meist davon, dass wir uns an nichts mehr aus früheren Inkarnationen erinnern können. Die heute weit verbreitete materialistische Denkweise schlussfolgert meist hieraus ‚mit haarscharfer Logik', dass es keine Wiederverkörperungen geben könne, da ja keine Erinnerungen daran existieren würden." **(Zweiter Band der LICHTREIHE von John R. McCollins – Kapitel: ‚Die Kunde vom körperfreien Menschen')**

- „Seien Sie OFFEN für diese Ihnen heute wahrscheinlich noch neu und ungewohnt erscheinenden Dinge, Erscheinungen und Manifestationen. Sprechen Sie einfach mit anderen Menschen, die zum Beispiel einen schweren Unfall erlitten, eine schwere Operation überstanden, oder einfach das erlebt haben, was wir heute allgemein unter dem Begriff ‚Nahtod-Erlebnis' oder das ‚bewusste zeitlich begrenzte Verlassen des irdischen Körpers' verstehen." **(Zweiter Band der LICHTREIHE von John R. McCollins – Kapitel: ‚Die Kunde vom körperfreien Menschen')**

- „Wie aus sogenannten ‚Nahtoderlebnissen' heraus berichtet wird, verlässt ‚der davon betroffene Mensch' dabei den derzeitigen irdischen Körper und bewegt sich, meist durch einen als ‚tunnelartige Struktur' beschriebenen Bereich, auf ein helles, warm und golden leuchtendes Licht zu." **(Drittes Buch der LICHTREIHE – Kapitel: ‚Vom ‚Nahtoderlebnis' und vom ‚zeitlich begrenzten Verlassen des irdischen Körpers')**.

Zusammenfassend kann man somit feststellen. dass ein Nahtoderlebnis eine besondere Form des ‚Verlassens des irdischen Körpers' darstellt. In eindeutiger Abgrenzung zum ‚**unbewussten** zeitlich begrenzten Verlassens des irdischen Körpers' ist sich derjenige (rückschauend) nicht nur dessen ‚im irdischen Sinne bewusst geworden', sondern es ist beim Austreten (noch) nicht eindeutig bestimmt, ob derjenige in seinen BISHERIGEN IRDISCHEN KÖRPER DIESER INKARNATION auch wieder zurückkehren wird. Tritt das jeweilige ICH-Selbst jedoch wieder in DENSELBEN irdischen Körper ein, wird sich derjenige dessen somit auch in seiner, nun nennen wir es zunächst einmal: ‚irdischen Erinnerung', bewusst. Der noch nicht aufgestiegene Mensch verfügt somit über eine irdische

Erinnerung an ein geistiges Schauen der höheren realen Welt. Dies unterscheidet übrigens auch alle Schauungen der höheren (geistigen) Welt von unseren ‚Träumen' im ‚irdischen Schlafzustand'. Während die Erinnerungen an einen ‚gewöhnlichen Traum' relativ zügig immer mehr und mehr zu ‚verblassen' beginnen, bis diese wieder vollständig aus unserem ‚irdischen Erinnern' entschwunden sind, bleiben Erlebnisse und Schauungen der höheren, geistigen und somit realen Gesamt-Welt in unserer ‚irdischen Erinnerung' präsent. Mehr noch; je mehr wir uns mit diesen Schauungen der höheren Gesamtwelt beschäftigen, desto klarer treten uns bisher noch nicht wahrgenommene Details und Erkenntnisse daraus entgegen. Dazu ist nicht mehr; aber leider eben auch nicht weniger, als die einfache Bereitschaft dazu erforderlich, diese Vorgänge als für sich REAL EXISTENT zu akzeptieren. Denken Sie auch immer daran:

„Nichts geschieht durch Zufall auf dieser Welt"
Deutsches Sprichwort

Sogenannte ‚Nahtoderlebnisse' sind somit auch immer eine Form der BESONDEREN GÖTTLICHEN GNADE für denjenigen. Wenn man diese Erlebnisse und die dabei geschauten Dinge als real existent anerkennt, erlebt Derjenige oder Diejenige dieses nachfolgende irdische Leben bereits von einer höheren Stufe der Erkenntnis und einer höheren Stufe des Geistes aus. Dieses ‚weitergehende' irdische Leben nach einem Nahtoderlebnis ist somit eine BESONDERE FORM DER REINKARNATION. Die WIEDERINKARNATION in einen uns bereits bekannten und somit von uns für diese Inkarnation bis hierher schon geformten irdischen Körper. Unser ICH-SELBST und unser Geist wurden jedoch AUSSERHALB dieses irdischen Körpers vom GÖTTLICHEN SELBST auf eine höhere Ebene erhoben, was an einen irdischen Körper gebunden, in der Regel nicht (so einfach) möglich ist.

Vom ‚Sterben' und vom ‚Tod'

„Das wahre Selbst des Menschen ist ewig, doch er denkt: Ich bin dieser Körper und werde bald sterben. Wenn wir keinen Körper haben, welches Unheil kann uns heimsuchen?"   *Laotse*

Wie wir bereits aus den Bänden Eins bis Drei der LICHTREIHE von John R. McCollins wissen, ist unser unsterbliches ICH während (der nach irdischen Begriffen: ‚Zeitdauer') dieser Inkarnation in diesem irdischen Körper, wenn man so will ‚zu Gast'. Ein ‚Gast' freilich, der diesen Körper im Sinne der uns für dieses ‚Leben' vom Universum übertragenen und ganz individuellen Aufgabe formt, gestaltet und nicht zuletzt auch so jeden Tag aufs Neue erhält.

Für die uns so übertragene Aufgabe haben wir vom Universum, genau wie unser kleiner ‚Spielzeughase' im ersten Band dieser Reihe, dafür ein gewisses Maß an Lebensenergie (oder mit den Begriffen der ‚Welt der Maya' gesprochen: ‚Lebenszeit') erhalten. Diese, nennen wir es ruhig zuerst einmal ‚Energie' ist dabei so reichlich bemessen, dass, wenn wir auf diesem Weg nach bestem Wissen und Gewissen voranschreiten, dabei auch als Menschen ‚reifen' können. Kleinere und ohne Vorsatz **be**gangene und **ge**gangene ‚Umwege' auf dem Weg in das ‚GÖTTLICHE LICHT' werden uns so großzügig verziehen.

Wenn man sich nach bestem Wissen und Gewissen auf den Weg in das GÖTTLICHE LICHT aufmacht und so den Zustand erstrebt, in welchem wir schlussendlich in die Lage versetzt werden, ‚MIT DEM GÖTTLICHEN WESEN EINS ZU WERDEN' wird man dieses Ziel somit auch erreichen können.

Mancher bereits in dieser Inkarnation. Viele andere aber eben auch erst in einer der nachfolgenden Inkarnationen. Dabei muss man jedoch seinen einmal gefassten Entschluss und das für sich selbst erwählte Ziel ‚so fest im Auge behalten', dass wenn wir in ein neues Erdenleben eintreten, unser Blick beim ‚Sich-Wieder-Erheben' immer noch in Richtung des von uns bestimmten Zieles verblieben ist. Sonst gleicht man nur dem uns bereits aus dem zweiten Teil bekannten ‚Wanderer in der Wüste', welcher sich nach jedem ‚Schlafen' [25] in eine andere Himmelsrichtung wendet. Heute nach Osten. Morgen wieder nach Süden. Dann nach Westen. Und am vierten Tag verschmachtet er am Ausgangspunkt seiner Suche und verfehlt so sein Ziel.

Auf diesem Weg muss man auch immer ‚ganz klar vor Augen behalten', dass unser irdischer Körper eben auch mit einem Teil dieser Energie ‚erhalten' werden muss. Jeden Tag, jede Stunde und jeden Atemzug aufs Neue. Treiben wir nun, nennen wir es ruhig einmal ‚Raubbau' an diesem irdischen Körper, muss wesentlich mehr Energie für die Erhaltung und tägliche ‚Wiederherstellung' dieses Körpers aufgewendet werden. Mehr als dafür ursprünglich vom Universum vorgesehen wurde. Diese zusätzlich erforderliche Energie wird sich somit an anderer Stelle ‚fehlend' bemerkbar machen.

Auf diesem Weg zur Erfüllung unserer ganz individuellen Aufgabe kommt jedoch für ALLE Menschen und für ALLE **ursprünglichen** Wesen dieser Erde [26] irgendwann, meist jedoch zu Ende der

---

[25] Der Begriff ‚Schlafen' wurde bereits im zweiten Band vom Verfasser mit dem Begriff ‚Inkarnation' besetzt, ohne dass dieses dort bereits, und entsprechend unserem damals erst erreichten Entwicklungsstand, so explizit ausgesprochen wurde.

[26] Hier wollen wir in diesem Band zunächst und ausschließlich die ursprünglich dieser Erde beheimateten Wesen mit betrachten. Für alle anderen Wesen auf und um diesen Planeten, den wir Menschen als ‚Erde' zu bezeichnen gewohnt sind, gelten andere Gesetze. Gesetze einer anderen Ordnung. Dies können Gesetze einer höheren, aber eben auch Gesetze einer niederen Ordnung sein, je nachdem, welchen ‚Entwicklungsstand' diese Wesen bereits erreicht haben, oder eben auch ‚nicht erreichen wollen oder auch nicht mehr erreichen können', um einmal den

jeweiligen Inkarnation, der Tag aller Tage. Niemand kann sich dem entziehen, denn hier wirken **Fakten und Gesetze einer höheren Ordnung**. Der Inkarnierte, oder das ursprüngliche Wesen, kommt somit an den Punkt, an welchem die ihm vom Universum bereitgestellte Energie aufgebraucht sein wird und sein **ÜBERGANG zurück in die ‚Welt', aus der er in diese Inkarnation ‚aufgebrochen' war**, erfolgen wird. Hat man diese ENERGIE sinnvoll und überwiegend im Sinne der uns vom Universum dafür auf der anderen Seite der WAAGSCHALE übertragenen AUFGABE verwendet, hat man im Allgemeinen sein für diese Inkarnation vorgesehenes Ziel erreicht. Bildlich gesprochen kommt die Waage AUSGEGLICHEN zur Ruhe. (siehe auch das Foto auf der ersten Umschlagseite – Erzengel Michael wiegt am Tag des Jüngsten Gerichtes die Seelen- Rogier van der Weyden [27])

Wer hier jedoch ‚als zu leicht befunden wird', hat seine Energie für andere Dinge vergeudet oder verschwendet oder wurde möglicherweise von ‚dunklen Kräften' auf falsche Wege geleitet. So vielleicht in einen solchen ‚Irrgarten' oder ‚Beschäftigungsgarten' hinein, mit welchem wir uns bereits im dritten Band dieser Reihe befasst haben.

Versuch zu unternehmen, diese ‚Vorgänge' so gut, wie irgend möglich, in irdische Begriffe zu übertragen. Interessanterweise können sich ALLE diese Wesen der NIEDEREN Ordnung und zwar AUSNAHMSLOS am ‚Ende der Zeit' und am ‚Ende des Raumes' diesen höheren Ordnungen nicht mehr entziehen. Alles andere ist und bleibt ebenfalls nur eine zeitlich begrenzte ILLUSION und vergeht. Dieser Vorgang folgt schlussendlich der GÖTTLICHEN ORDNUNG und ist somit auch für und durch diese Wesen unaufhaltsam. An diesem Punkt angekommen wird, wie wir diese bereits aus dem dritten Band dieser Reihe wissen, der ‚Schleier gehoben' und die uns bisher umgebende Illusion der Maya und mit ihr die Illusionen von ‚Raum', und ‚Zeit' und ‚Tod' lösen sich im WIEDERERSCHEINEN DES WAHREN GÖTTLICHEN LICHTES auf und vergehen.

[27] Titel des Gemäldes: ‚Polyptyque du jugement dernier' - Rogier van der Weyden, Public domain, via Wikimedia Commons, This work is public domain in the United States (PD1996)- (Rogier van der Weyden – 1399 oder 1400 bis 1464 war ein flämischer Maler der Altniederländischen Malerei)

Für alle **nichtursprünglichen** Wesen in, auf und um diese Erde herum scheint diese ‚Regel des Todes als notwendiger Übergang zwischen den Welten' jedoch nicht zu gelten. Diese Wesen erscheinen so zunächst einmal nicht nach irdischen Begriffen ‚zu vergehen'. Sie erscheinen dem unbedarften Beobachter vielleicht sogar ‚unsterblich' zu sein. Seien Sie sich jedoch gewiss: für alle nichtursprünglichen Wesen einer **niederen** Ordnung gilt: dies ist **NICHT** das ‚…Licht des Lebens…', wie Christus dies im Johannesevangelium [28] zu seinen Jüngern sagt, noch das **„Ich bin die Auferstehung und das Leben. Wer an mich glaubt, der wird leben, ob er gleich stürbe."** [29]

Um genau zu verstehen, was diese angebliche und scheinbare ‚Unsterblichkeit' tatsächlich bedeutet, lassen Sie uns nachfolgend zunächst die bisher erreichen FAKTEN kurz zusammenfassen:

- Der Tod ist zunächst, und aus Sicht der ‚sinnlich materiellen' Anschauung heraus betrachtet, **das Ende der Aufgabe dieses** (unseres derzeitigen) **irdischen Körpers** und, wenn man so will, eben auch **das Ende dieses irdischen Körpers selbst**. Dieser irdische Körper kehrt somit dahin zurück, woher er genommen wurde.
- Dieser vergehende irdische Körper ist jedoch **‚anattā', also, und wie Buddha uns lehrt: NICHT-ICH.** [30]
- Er ist nicht mehr, aber auch nicht weniger, als das rote oder blaue Kleid aus dem uns bereits aus den bisherigen Bänden dieser Reihe bekannten Beispiel und war zur Erfüllung der uns vom Universum übertragenen Aufgaben nicht nur nützlich, sondern sogar essentiell erforderlich.

---

[28] Die Bibel, Neues Testament, nach der Übersetzung von Dr. Martin Luther, Verlag Canstein Halle/Saale, Ausgabe 1890, Johannes 8,12
[29] Die Bibel, Neues Testament, nach der Übersetzung von Dr. Martin Luther, Verlag Canstein Halle/Saale, Ausgabe 1890, Johannes 11,25
[30] Georg Grimm, ‚Die Lehre des Buddha'. Verlag Piper und CO., München, 1922, Vorrede

- Nur wenn unser ICH-Selbst, durch Abhimâna [31] getäuscht, diesen irdischen Körper für ein Bewusstseinszentrum hält, [32] kann der für unsere Weiterentwicklung schlussendlich erforderliche Übergang **als irdischer Tod wahrgenommen werden**. Ist man in diese Vorstellung verstrickt und somit von seinem ‚Wiederaufstieg' in die Welt, aus der wir in diese Inkarnation ‚herabgestiegen' und aufgebrochen sind, ‚abgeschnitten worden', dient man damit nur noch den Kräften, die genau dieses beabsichtigen. Wir wären zu einem ‚Gefangenen der niederen Ordnung' in deren derzeitigen Wirkungsbereich geworden.
- Da diese ‚Wesen einer niederen Ordnung' nicht (mehr) an der für uns als Menschen und Menschheit (und eben auch für die ursprünglichen Wesen dieser Erde) vom WAHREN GÖTTLICHEN LICHT vorgesehenen Weiterentwicklung teilnehmen (können), sind sie somit auch nicht mehr in der Lage, über den DURCHGANG DURCH DEN TOD [33], das größte und wertvollste Geschenk Christus' an uns, in die höheren Welten aufzusteigen. Sie erscheinen nach irdischen Begriffen daher als ‚unsterblich', sind jedoch genau betrachtet und schlussendlich einfach nur von der weiteren Entwicklung zum Höheren abgeschnitten.

Nach diesen erforderlichen Vorbetrachtungen wollen wir uns jetzt gemeinsam den Vorgänge selbst zuwenden, die man üblicherweise als ‚irdischer Tod' bezeichnet. Am Ende jeder Inkarnation und,

---

[31] Abhimâna – bedeutet soviel wie: ‚Anhangen des GEISTES an etwas'
[32] ‚Studien über die Bhagavad Gîtâ – Dritte Folge' The Dreamer, Verlag Max Altmann, Leipzig 1906
[33] „Wer mein Wort höret und glaubet dem, der mich gesandt hat, der hat das ewige Leben, und kommt nicht in das Gericht, sondern er ist vom Tod zum Leben hindurch gedrungen.", Die Bibel, Neues Testament, nach der Übersetzung von Dr. Martin Luther, Verlag Canstein Halle/Saale, Ausgabe 1890, Johannes 5,24

idealerweise am jeweiligen Ziel der uns vom Universum hierfür gestellten Aufgabe, verlässt unser unsterbliches ICH den jeweilige irdischen Körper.

Haben wir unser ‚Ziel für diese Inkarnation' erreicht, verlässt unser ICH-Selbst diesen irdischen Körper willig und dankbar. Dankbar für die unschätzbaren Dienste, die dieser irdische Körper unserem ICH-Selbst hier auf dieser Erde geleistet hat.

Der Tod kann in diesem Fall erst dann in diesen irdischen Körper eintreten, wenn unser unsterbliches ICH diesen bereits **vollständig** verlassen hat. Mehr noch: unser durch dieses ‚positive Leben' und die bereits vorangegangenen Inkarnationen bereits erreichtes (nennen wir es zunächst einmal stark vereinfacht) ‚positives Energiefeld' hindert den Tod und auch alles ‚Böse' daran, sich unserem ICH-Selbst und diesem irdischen Körper zu nähern. Selbst dann noch, wenn wir den irdischen Körper bereits vollständig verlassen haben. Dieses positive Energiefeld umgibt unser unsterbliches ICH dabei wie ein ‚Schutzschild'. Es ist eine ERSCHEINUNG des WAHREN GÖTTLICHEN LICHTES. Je stärker ‚das Gute' in dem ICH bereits geworden ist, desto stärker ist auch (vereinfacht gesagt) die Kraft, die den Tod und alles ‚Böse' (Geister, Dämonen, dunkle Hexen, Teufel usw.) von unserem irdischen Körper und von unserem ICH-Selbst dabei fernhält.

Der Tod kann sich nicht eher nahen, bis unser unsterbliches ICH diesen verlassen hat und der ‚Energiebereich des Guten', welcher unser ICH umschließt, sich vollständig von dem nunmehr ‚leeren' irdischen Körper entfernt hat. Unser Ich wird den ‚Tod' so nicht sehen ewiglich. [34] Genau dieser Vorgang wird auch in einer der ältesten schriftlichen Überlieferungen dieser Welt, dem neuen Testament, so geschildert:

---

[34] Die Bibel, Neues Testament, nach der Übersetzung von Dr. Martin Luther, Verlag Canstein Halle/Saale, Ausgabe 1890, Johannes 8,51

Christus: „Wahrlich, wahrlich, ich sage euch: So Jemand mein Wort wird halten der wird den Tod nicht sehen ewiglich." [35]

Der Tod kann so für das jeweilige ICH als ‚unerschauter' [36] Freund oder aber auch als präsentes und grauenhaftes Gespenst erscheinen. Immer, wenn unser ICH-Selbst seine vom Universum für diese Inkarnation gestellte Aufgabe erfüllt hat, und somit hier ‚nichts Unerfülltes' zurückbleibt, wird unser ICH-Selbst diesen irdischen Körper dankbar und willig verlassen. Der Tod tritt dann als ‚unerschauter' Freund auf. Möglicherweise so, wie in nachstehendem Bild „Der Tod als Freund" von Alfred Rethel (1816 bis 1859) [37]

„Auf hohem Turm läutet der Tod die Glocken. Der Türmer ist friedlich in seinem Lehnstuhl eingeschlafen; die Hände liegen im Schoß. Wundervoll ist die Ruhe im Gesicht des Schlafenden; wundervoll die fast leise Bewegung des läutenden Todes; wundervoll der weite Ausblick aus dem Fenster." [38]

---

[35] Die Bibel, Neues Testament, nach der Übersetzung von Dr. Martin Luther, Verlag Canstein Halle/Saale, Ausgabe 1890, Johannes 8,51

[36] Der Begriff ‚unerschaut' wir hier in dem Sinne gebraucht, dass unser ICH den Tod niemals erblickt und niemals erblicken muss (ewiglich).

[37] ‚Der Tod als Freund' von Alfred Rethel (1816 bis 1859) – Quelle: ‚Volksbücher der Kunst – Alfred Rethel', Ernst Schur, Verlag von Velhagen und Klasing, Bielefeld und Leipzig, 1911, Public domain, This work is public domain in the United States (PD-1996).

[38] Zitat aus: ‚Volksbücher der Kunst – Alfred Rethel', Verlag von Velhagen und Klasing, Bielefeld und Leipzig, 1911

Die Gewissheit, dass uns alle verwandten und liebgewordenen Seelen auf diesem Weg der LIEBE DES EINEN folgen werden, so wie wir Christus auf diesem Weg von nun an folgen, ist die Kraft, die uns bereitwillig und dankbar am Ende unserer Inkarnation aus diesem irdischen Leben gehen lässt. Die Botschaft des unten abgebildeten ‚Türdrückers', welcher ja auch dazu dient eine für uns (scheinbar) verschlossene Tür mühelos zu öffnen, ist eine der Wahrheiten welche Christus für uns in dieser Welt zur Erkenntnis gebracht hat.

Der Inschrift lautet:

‚SAGT SEINEN JÜNGERN ER GEHT EUCH VORAUS'.

Verwandte Seelen stehen so IMMER miteinander in Verbindung. Es ist vollkommen unerheblich, ob diese dabei gerade inkarniert sind, oder eben nicht. Das WAHRE GÖTTLICHE LICHT tief in uns ist der ‚Göttliche Faden', oder wenn man so will, der GÖTTLICHE KANAL, welcher uns stets und ewiglich miteinander verbindet.

Wenn jemand jedoch ‚nicht gehen will' und sich somit an diesen irdischen Körper ‚anklammert' oder auch nicht ‚gehen' kann (wie der Volksmund dies so nennt), weil vielleicht noch unerledigte Aufgaben aus dieser Inkarnation verblieben sind, oder sich derjenige zum Beispiel auch um seine Liebsten Sorgen macht oder sogar machen muss, kann es hier zu einer Begegnung des jeweiligen ICH-Selbst mit dem Tod kommen. Immer, wenn das ‚Energiefeld des Guten' daher geschwächt oder eben auch nur insgesamt durch den bisherigen ‚Lebenswandel' schwach oder überhaupt nicht vorhanden ist, kommt es hier zur einer Begegnung zwischen TOD und dem jeweiligen ICH **IN** DIESEM IRDISCHEN KÖRPER. Der Tod begegnet demjenigen dann als grauenerregendes Gespenst. Möglicherweise wie im nachfolgenden Bild [39]

---

[39] ‚Der Tod als Erwürger' von Alfred Rethel (1816 bis 1859) – Quelle: ‚Volksbücher der Kunst – Alfred Rethel', Ernst Schur, Verlag von Velhagen und Klasing, Bielefeld und Leipzig, 1911, Public domain, This work is public domain in the United States (PD-1996).

Das jeweilige ICH und der Tod ‚kämpfen' dann, im weitesten Sinne dieses irdischen Begriffes, um den ‚Besitz dieses irdischen Körpers'. Das Sterben tritt dann in seiner ‚irdischen Form des Todes' auf und kann für das ICH zur scheinbar endlosen [40] Qual werden.

---

[40] ‚scheinbar endlos' daher, weil derjenige an diesem Punkt bereits den Bereich der ‚Maya' verlassen hat und somit ‚Raum' und ‚Zeit' als Erscheinungen der ‚Maya' nicht mehr für denjenigen existent sind, Dieser Prozess scheint sich somit ‚raumlos' und ‚endlos' dahin zu ziehen.

Wenn derjenige sich jedoch selbst durch die Äußerung seines FREIEN WILLENS im ‚Bereich des Bösen' positioniert hat, erlebt er an dieser Stelle zuerst schon einmal die Vorstufe zu seiner ‚ewigen Strafe' hierfür. Manchmal wird dieser Bereich auch als ‚Fegefeuer' bezeichnet. Zumindest gibt es Wesen und, nennen wir es der Einfachheit halber einfach einmal: ‚Energieformen', welche diesen scheinbar kurzen Moment regieren. Scheinbar kurz deshalb, weil die ‚Zeit' und der ‚Raum' nur eine begleitende Form der ‚Maya' sind und ‚Zeit' und ‚Raum' bereits an diesem Punkt NICHT MEHR FÜR DIESES ICH EXISTENT SIND. Schon dieser Punkt wird daher für dieses ICH zur EWIGEN QUAL und so zur LÄUTERUNG ‚DURCH FEUER UND GLUT'. Oder anders formuliert: zum ‚Fegefeuer'. [41]

---

[41] Übrigens meint der Begriff ‚Fegefeuer' genau dasselbe, was auch ein SchornsteinFEGER tut, wenn er den Schornstein von allen DORT NICHT HINGEHÖRENDEN ‚ANHAFTUNGEN' REINIGT. Dies dürfte somit sehr gut mit dem vergleichbar sein, was für und mit dieser Seele im Fegefeuer geschieht.

Vom ‚Lösen unseres unsterblichen ICH vom irdischen Körper'

Wir möchten an dieser Stelle nochmals darauf hinweisen, dass Verfasser und Verlag keinerlei Verantwortung oder Haftung für die in den Büchern von John R. McCollins gegebenen Hinweise, Beispiele, Übungen usw. übernehmen. Es ist und bleibt IHRE freie Entscheidung, ob und welche Übungen, Beispiel, Hinweise usw. für Sie umsetzbar und nützlich sind.

„Ihr werdet nichts finden, wenn ihr sesshaft werdet und den Glauben hegt, ihr selber wäret ein fertiger Vorrat unter euren Vorräten. Denn es gibt keinen Vorrat, und wer aufhört zu wachsen, der stirbt."

Antoine de Saint-Exupéry

Im dritten Teil der LICHTREIHE von John R. McCollins hatten wir uns bereits mit der ‚niederen Form des Sonderseins' beschäftigt. Im Kapitel ‚Von der Lösung Deiner zweiten Aufgabe' haben wir bereits ganz klar herausgearbeitet, dass unser ICH-selbst zwar diesen irdischen Körper mit seiner durchdringenden Lebenskraft belebt, selbst aber unberührt von diesem irdischen Körper ist und bleibt. [42] Und weiter: „An einen Namen gebunden und durch Abhimâna[43] oder Anhänglichkeit getäuscht, hält es denselben für ein Bewusstseinszentrum...". [44]

Wir haben uns somit bereits erfolgreich vom **GEDANKEN** an diesen irdischen Körper als Bewusstseinszentrum gelöst. An dieser Stelle und mittlerweile in diesem vierten Band der LICHTREIHE angekommen, wollen wir versuchen, die Vorgänge beim ‚zeitlich

---

[42] ‚Studien über die Bhagavad Gîtâ – Dritte Folge' The Dreamer, Verlag Max Altmann, Leipzig 1906

[43] Abhimâna – bedeutet soviel wie: ‚Anhangen des GEISTES an etwas'

[44] ‚Studien über die Bhagavad Gîtâ – Dritte Folge' The Dreamer, Verlag Max Altmann, Leipzig 1906

begrenzten Verlassen des irdischen Körpers', zumindest in ersten Ansätzen, zu verstehen. Dieses ‚zeitlich begrenzte Verlassen des irdischen Körpers' erfolgt meist mehrfach während eines irdischen Tages, jedoch normalerweise von unseren irdischen Sinnen unbemerkt. Es bleibt der irdischen Wahrnehmung somit ‚unbewusst'. Manchmal bleibt jedoch auch eine gewisse ‚Ahnung' davon in unserem irdischen Wahrnehmen zurück.
Das Deutsche Sprichwort:
„Ich habe das Gefühl, heute neben mir zu stehen"
beschreibt eben diesen Vorgang sehr treffend.

Für die gesamte und **vollständige** Übung muss man, im positiven Sinne betrachtet, ‚bereit' und stets auch ‚vorbereitet' sein.
Ist jemand jedoch nicht auf eine **plötzliche irdische** Wahrnehmung dieses ‚Austretens' vorbereitet, wird dieses meist spontane ‚Erlebnis' im Nachhinein in vielen Fällen als ‚verstörend' bezeichnet. Dies muss so nicht sein, da demjenigen ja (positiv betrachtet) aufgezeigt wurde, dass dieser irdische (und somit auch vergängliche) Körper nicht seine ICH-Wahrnehmung selbst ist. Es fehlt einfach nur dieses Wissen und das daraus resultierende Verständnis, um dieses spontane ‚Erlebnis' in dessen tatsächliche positive Bedeutung einordnen zu können. [45]
Daher werden wir hier **nur eine Vorübung dazu durchführen** und unseren derzeitigen irdischen Körper somit auch **niemals** dabei tatsächlich verlassen, sondern unser ICH-Selbst nur ganz leicht in diesem irdischen Körper ‚anzuheben' versuchen. Sollten Sie sich für diese Übung entscheiden, brauchen Sie, wenn Ihnen irgendetwas dabei unangenehm erscheint, nichts weiter zu tun, als ‚sofort

---

[45] Siehe auch die Kapitel: ‚Von der Furcht, von der Angst und vom Mut' und das Kapitel ‚Vom Überwinden der Furcht und vom Ertöten der Angst' des noch folgenden fünften Bandes der LICHTREIHE von John R. McCollins.

loszulassen'. Das ICH kehrt dann sofort ‚wie an einem Gummiband gezogen' an seine vorherige Stelle zurück.

Wie wir bereits aus den Bänden Eins bis Drei wissen, ist es bei allen unseren Übungen immer absolut wichtig, dass wir während dieser Übungen nicht gestört werden sollten. Informieren Sie daher bitte alle Familienmitglieder darüber, was Sie beabsichtigen. Schalten Sie alle Kommunikationsmittel konsequent aus. Selbst die Klingel zu Ihrer Wohnung sollte, wenn möglich, hierbei abgeschaltet sein und bleiben. Jede Störung dabei könnte unseren, über den Umfang **dieser** Übung hinausgehenden, Fortschritt möglicherweise erschweren.

Falls Sie sich entscheiden sollten, diese Übung WEITER ZU VERFOLGEN und es dabei doch einmal zu einer Störung kommt, ist dies jedoch nicht **zu** dramatisch zu werten. Unser ICH-selbst würde in diesem Fall einfach wieder an seine Stelle in diesem derzeitigen irdischen Körper ‚zurückgezogen' werden, da diese Bindung während einer Inkarnation außerordentlich stark ist. Wäre dies anders, würden wir nach einem ‚unbewussten zeitlich begrenzten Verlassen des Körpers' manchmal in einem anderen irdischen Körper wieder ‚aufwachen', wenn dieser gerade ‚in der Nähe wäre'. Dies ist jedoch nicht der Fall. Die Energie, welche wir vom Universum für die Lösung der uns für diese Inkarnation erteilten Aufgabe erhalten haben, ist das ‚Band', welches unser Ich-Selbst während dieser Aufgabe mit diesem irdischen Körper verbindet. Wird dieser irdische Körper, vielleicht in Folge eines Unfalles, jedoch nicht mehr im Sinne unserer Aufgabe, nun nennen wir es einfach einmal: ‚durch unser ICH auch weiter nutzbar', endet meist auch diese ‚Mission' für diese Inkarnation damit. Nur in den allerseltensten Fällen wechselt ein ICH so während EINES Aufenthaltes in dieser Welt der Maya den irdischen Körper. Dies hat jedoch andere (höhere) Ursachen und ist somit von demjenigen so gewollt und für denjenigen und seine Aufgabe im Universum so stets nutzbringend.

Wie wir bereits aus dem Kapitel: ‚Vom Sterben und vom Tod' dieses Buches wissen, ist irgendwann die uns vom Universum für die Lösung unserer Aufgabe zugeteilte Energie aufgebraucht. Das ‚Energie-Band', welches uns mit diesem irdischen Körper bisher verbunden hat, löst sich somit auf. Stark vereinfacht gesagt, wird unser ICH somit wieder absolut frei von diesem irdischen Körper (eine Erscheinungsform des körperfreien Menschen). Die hierbei tatsächlich ablaufenden Vorgänge liegen jedoch auf einer weitaus höheren Ebene und sollen somit an dieser Stelle noch nicht mit betrachtet werden.

Wie wir bereits wissen, ist unser ICH-selbst, also unser unsterbliches ICH, NICHT dieser Körper selbst. Dieser Körper ist ‚anattā' [46], also NICHT-ICH. WIR sind, wenn man so will, so nur GAST in diesem irdischen Körper für die Zeitdauer dieser Inkarnation - also für unser derzeitiges Verweilen auf dieser Erde. Dieses Umdenken führt somit zu einem ganz anderen Verständnis des Zieles unseres Hierseins und auch zu einem völlig neuen Empfinden unseres ICH-Selbst **in** diesem irdischen Körper (als ‚Gastgeber').

Vorbereitung unserer gemeinsamen Vorübung:
Legen Sie sich in Rückenlage auf eine Couch oder, wenn es Ihnen angenehmer erscheint, einfach in Ihr Bett. Der Körper sollte waagrecht, der Kopf leicht erhöht zu liegen kommen. Wichtig ist, dass Sie völlig entspannt dabei ruhen. Für die ersten Schritte bei dieser Übung scheint es von Vorteil zu sein, die Hände hinter dem Kopf zu ‚verschränken', so dass der Kopf in den beiden Hand-Innenflächen zu liegen kommt.

---

[46] Begriff der Lehre Buddhas - ‚anattā' = NICHT-ICH

Die Vorübung selbst:

Atmen Sie ruhig ein und aus.
Der Fokus liegt jedoch nur auf dem AUSATMEN.
Folgen Sie in Gedanken dem Weg der ausströmenden Luft.
Warten Sie geduldig, bis alle Gedanken in Ihnen vollständig zur Ruhe gekommen sind.

Finden Sie nun, wie wir es bereits geübt haben Ihren Fokus in Ihrem unsterblichen Ich und in Ihrer Seele.
Halten Sie den Fokus während der gesamten Vorübung dort.

Werden Sie sich bewusst, dass dieser irdische Körper NICHT Ihr unsterbliches ICH ist.
Ihr unsterbliches ICH befindet sich nur INNERHALB dieses, dort auf dieser Couch oder auf diesem Bett ruhenden, irdischen Körpers.
Dieser irdische Körper ist NICHT-ICH.
Wenn ich gleich mein ICH-Empfinden nach oben bewegen werde, wird dieser irdische Körper dort auf dieser Unterlage weiter, wie bisher, liegen bleiben.

Er ist NICHT-ICH.

Mein ICH ist frei und völlig schwerelos.
ICH bewege mich frei in diesem irdischen Körper nach oben, bis ich einen elastischen Widerstand spüre. Dann sinke ICH wieder langsam zurück (lasse wieder los), bis ich meine ursprüngliche Position IN diesem irdischen Körper wieder erreicht habe.
ICH lasse jetzt diese Übung noch einige Herzschläge lang in mir nachwirken.
Zum Abschluss der Übung atme ich jetzt mehrfach tief ein und aus.
Der Fokus liegt jetzt jedoch auf dem EINATMEN.

Wenn es einem gelungen ist, das ICH-selbst etwas in diesem ruhenden irdischen Körper ‚anzuheben', hat man zu Beginn dieser Übungen oftmals das Empfinden, dass dieser irdische Körper an der Oberseite (also dort, wohin unser ‚Anheben' gerichtet ist) wie ein ‚Gummianzug' etwas nachgibt. Manche Schilderungen sprechen hier von einem ‚Taucheranzug aus Gummi', welcher sich dort etwas verformt um dann wieder in den Ausgangszustand zurückzugehen.

Dem Verfasser ist (bisher) keine Schilderung bekannt, in welcher dieses **gut vorbereitete** ‚Erlebnis' als negativ besetzt geschildert wird. Das (subjektive) Empfinden solcher Vorgänge scheint somit wahrscheinlich vom Stand des ‚Vorbereitet-Seins' selbst abzuhängen. :-)
Mehr noch: meist wird diese (gut vorbereitete) Vorübung sogar sehr positiv für die weitere Entwicklung geschildert, da sie generell JEDEM Menschen dabei hilfreich ist, die grundlegenden Vorgänge bei einem sogenannten ‚Nahtoderlebnis'[47] und eben auch bei einem ‚**bewussten** zeitlich begrenzten Verlassen dieses irdischen Körpers' nachzuvollziehen. Dies ist jedoch eine gute Voraussetzung dafür, leichter ein WAHRES Verständnis für den ‚anattā'–Begriff in sich selbst zu entwickeln.

Nun wird sicher unser **irdischer** Körper ‚rein physisch betrachtet' nicht dazu in der Lage sein, in dem erlebten Maße an der Oberseite ‚elastisch nachzugeben'. Das, was hier erlebt wird, ist somit auch schon nicht mehr tatsächlich nur dieser, unser irdischer, Körper, sondern bereits etwas Anderes – Höheres. Es ist eine ERSCHEINUNG unseres, nun nennen wir es zunächst einmal: nichtirdischen ‚Körpers'.

---

[47] Siehe auch das Kapitel: ‚Vom Nahtoderlebnis und vom zeitlich begrenzten Verlassen des irdischen Körpers' dieses Bandes der LICHTREIHE.

Vom ‚Manifestieren' und vom ‚Wirken im Guten'

In den ersten drei Bänden der LICHTREIHE von John R. McCollins haben Sie bereits gelernt, sich der **Macht Ihrer Gedanken** bewusst zu werden. Dort hatten wir jedoch noch das BEWUSSTE Denken angewendet um etwas IN UNS SELBST zu ‚Wirken'. Für das ‚Wirken' oder ‚Bewirken' von etwas ‚Gutem' IN uns selbst mag diese dabei angewendete ‚Technik' (zunächst) einmal ausreichend erscheinen. Für alle HÖHEREN Formen (nach AUSSEN gerichtete Formen) und vor allem auch NACHHALTIGEN Formen des Wirkens ist diese Art des Wirkens im Allgemeinen leider nicht mehr ausreichend.

Lassen Sie uns daher an dieser Stelle einmal völlig emotionslos und somit faktenbasiert feststellen, dass zu DIESER Form des WIRKENS (bisher) stets auch immer ein ‚DENKER' selbst erforderlich war. Sogar das dem Wirken zwingendermaßen vorhergehende BEOBACHTEN war so niemals ohne diesen DENKER (denkender Beobachter) selbst möglich gewesen.

Da dieses DENKEN stets aber auch durch den ‚allgemeinen gesellschaftlichen Konsens' nicht nur geprägt, sondern sogar ‚konditioniert' wurde,[48] ordnen sich auch die ‚Ergebnisse' DIESES Beobachtens und DIESES Wirkens selbst immer diesem Konsens unter. **Bewusst - oder leider meist eher unbewusst.**

Zu einer objektiven und realen Betrachtungsweise seiner Welt kann man SO niemals gelangen. Auch wenn das uns im Moment vielleicht noch etwas kompliziert formuliert erscheint, liegt darin jedoch bereits der Schlüssel zum ‚Wirken im Guten' und später sogar zum ‚Manifestieren im Guten'.

Das wir uns bisher nicht über diese, nennen wir es ruhig zunächst einmal ‚Denkbarrieren', erheben konnten ist nicht weiter

---

[48] Siehe auch das Kapitel: ‚Vom Traum, vom Denken und vom Geist' dieses Bandes der LICHTREIHE von John R. McCollins.

verwunderlich. Wir haben es ja schließlich von ‚Klein-auf' so eingeübt und so ‚gelehrt' bekommen.

NUN gilt es jedoch, zu unseren URSPRÜNGLICHEN FORMEN wieder zurückzufinden. Gemeint sind hiermit die URSPRÜNGLICHEN Vorgänge, welche uns als KIND noch so geläufig waren, bis diese durch den allgegenwärtigen gesellschaftlichen KONSENS in uns überdeckt wurden. Da dies meist, zum Beispiel durch unsere Eltern, mit den besten Absichten geschah, ist daran zunächst auch einmal nichts Verwerfliches auszumachen. Wir dürfen bei unseren weiteren Schritten so niemals vergessen, dass es uns diese (konditionierten) Verhaltensmuster bisher ermöglicht haben, bis zu dieser Stelle zu gelangen. Seien Sie also Ihren Eltern oder Ihren damaligen Bezugspersonen dafür dankbar, denn nur so konnten Sie bis an diese Stelle, an der Sie sich gerade befinden auch UNBESCHADET gelangen. Das nachfolgende und uns bereits aus dem ZWEITEN Band der LICHTREIHE her bekannte Zitat erhält hier und an dieser Stelle somit seine WAHRE, VOLLSTÄNDIGE UND URSPRÜNGLICHE Bedeutung für uns:

„Das Kind schüchtert dich stets ein, als hielte es ein Wissen zurück. Und darin täuschst du dich nicht, denn sein Geist ist stark, bevor du ihn verkümmern lässt."
Antoine de Saint-Exupéry

Zu diesem **KIND in uns** müssen wir wieder zurückfinden. [49] Und dies OHNE die uns für diese (momentan noch existente) Welt des ‚allgemeinen Konsens' noch notwendigen ‚Verhaltensmuster' von heute auf morgen vollständig dabei aufzugeben.

Im Kapitel ‚Vom Wirken Lernen und von einem Würfelspiel' dieses Bandes der LICHTREIHE werden wir zunächst grundlegend ‚erlernen dürfen', wie wir mit der GÖTTLICHEN LICHTENERGIE wirken können.

---

[49] Siehe auch das Kapitel: ‚Vom Vater, vom Sohn, von der Schafherde und vom Kind' des kommenden fünften Bandes der LICHTREIHE von John R. McCollins.

Für diesen Zweck, und weil wir keinerlei irdisches Verlangen damit verbinden werden, wird es uns gestattet sein, die GÖTTLICHE LICHTENERGIE für dieses einfache Spiel einzusetzen. Ab dem Punkt aber, da wir in dieser Anwendung, oder wenn man so will: in dieser ‚Technik' sicher geworden sind, wird es nunmehr an uns sein, dem Universum unseren Dank dafür auszusprechen und zu erklären, dass wir die GÖTTLICHE LICHTENERGIE von nun an NICHT mehr für solche trivialen Zwecke einsetzen werden. Bitte vergessen Sie bei Ihren weiteren Schritten NIEMALS, sich für alles, was uns so zufließt beim Universum zu bedanken. Nicht, weil wir es tun sollen, sondern weil es uns ein vom ‚Herzen her strömendes Bedürfnis' ist. Dies gilt so auch für das ‚Manifestieren im Guten', mit welchem wir uns in einem der folgenden Bände der LICHTREIHE von John R. McCollins noch beschäftigen werden.

Vom ‚Wirken-Lernen' und ‚von einem ‚Würfelspiel'
„Nicht der ist schöpferisch, der erfindet oder beweist, sondern der zum Werden verhilft."
Antoine de Saint-Exupéry

Wir haben uns in den ersten drei Bänden der LICHTREIHE von John R. McCollins von allen negativen (dunklen) ‚Wesen' und dunklen ‚Kreaturen' in uns befreit. Mehr noch; wir haben diese IN UNS zuerst ÜBERWUNDEN und danach sogar IN UNS ERTÖTET [50]. Mit diesem vierten Band haben wir Energieorte und magische Orte, Orte des WAHREN GÖTTLICHEN LICHTES, besucht und die dort wirkende und wohltuende GÖTTLICHE LICHTENERGIE dabei in uns aufgenommen. Die für uns dort ‚hinterlegten', ‚deponierten', oder eben auch dort ‚versteckten', Lichtbotschaften haben uns nicht nur ‚erreicht', sondern diese haben in unserem ICH-SELBST, unserer Seele und unserem Geist bereits ihre wohltuende und uns dabei weiterentwickelnde Kraft und Wirkung entfaltet. Vom Universum ist uns so bereitwillig, und von Mal zu Mal mehr, GÖTTLICHE LICHTENERGIE zugeflossen und wir haben gelernt, dass wir nicht nur vom Universum ‚empfangen' dürfen, sondern wir müssen auch etwas davon wieder ‚bereitwillig an das Universum zurückgeben' Es bedarf somit nur noch eines ‚klitzekleinen' Schrittes, um zu lernen, wie wir auch selbst ‚im Guten Wirken' können. An diesem Punkt angekommen wird es uns ermöglicht werden, mit Hilfe der GÖTTLICHEN LICHTENERGIE zuerst zu ‚Wirken' und, entsprechend auf diesem Weg fortgeschritten, sogar selbst ‚im Guten zu Manifestieren'.

Sicher haben Sie sich beim Lesen der Überschrift dieses Kapitels schon gefragt, was ein ‚Würfelspiel' wohl mit dem Erlernen des ‚Wirkens im Guten' zu tun haben könnte. Nun, die Antwort ist einfach. Ein Würfelspiel, zum Beispiel zusammen mit unseren

---

[50] Mabel Collins – „Licht auf den Pfad" - Th. Grieben's Verlag, Leipzig, 1917

Kindern oder unserer Familie gespielt, ist gut geeignet diese Vorgänge, welche sich mit den Begriffen dieser irdischen Sprache (der Sprache der Welt der ‚Maya') nur noch schemenhaft darstellen lassen, leichter zu verstehen. Das Verstehen dieser Vorgänge ist jedoch die Grundvoraussetzung für unser erfolgreiches ‚Wirken im Guten' und später auch für unser erfolgreiches ‚Manifestieren im Guten'.

Absolut wichtig dabei ist jedoch, dass wir diese Energie NIEMALS zur ‚Befriedigung irgendeines Egos', nicht aus ‚Machtgier' oder einem ‚Machtgefühl einem anderen gegenüber' heraus anwenden dürfen. Es geht dabei NIEMALS um Geld oder Ruhm oder Ehre, noch um Hochmut oder um den Sieg im Spiel oder um ein ‚Bessersein als die anderen' oder um jegliche Erscheinungen der ‚höheren Form des Sonderseins' [51].sondern IMMER und ausschließlich um das ERLERNEN der, wenn man so will, ‚Technik' des Wirkens selbst. Nur das Lernen um des Lernen Willens ist unser Ziel und somit der einzige Beweggrund unseres Handelns.

Ideal ist eines der Würfelspiele, bei denen Felder einer Tabelle vom einzelnen Spieler zu füllen sind. So ist es meist Aufgabe, in jeweils drei Würfen mit maximal fünf Würfeln, so viele ‚Einser', ‚Zweier', ‚Dreier' usw. zu würfeln, wie möglich. Meist gibt es auch noch einen ‚Bonus' dafür, wenn der einzelne Spieler dabei fünf gleiche ‚Augenzahlen' gewürfelt hat. Eine wichtige Regel vorab: wir versuchen nur die Würfe EINES Mitspieler im Positiven FÜR DENJENIGEN oder DIEJENIGE selbst zu beeinflussen. So zum Beispiel, wenn eines unserer Kinder stets und ständig nur den letzten Platz in diesem Spiel belegen sollte. NIEMALS WERDEN WIR HIERBEI FÜR UNS SELBST TÄTIG. Dies schützt uns zuverlässig vor allen noch so verfeinerten Spielarten des ‚Sonderseins'.[52]

---

[51] Siehe auch das Kapitel ‚Von der höheren Form des Sonderseins' dieses Buches.
[52] ebenda

Für das Wirken im Sinne des WAHREN GÖTTLICHEN LICHTES sind keine ‚Zaubersprüche', keine ‚Beschwörungsformeln' oder dergleichen mehr erforderlich. Nicht solche ‚Sprüche' oder ‚Gedanken', wie: ‚Du würfelst jetzt fünfmal dieselbe Augenzahl' oder dergleichen mehr sind dazu geeignet. Lassen Sie solche Vorstellungen bitte gleich und sofort am Anfang unserer Übungen, und zwar nachhaltig, hinter sich. Es geht hierbei niemals um irgendeinen ‚Hokuspokus'. Sie müssen lernen zu WIRKEN. NICHT zu DENKEN und NICHT zu WÜNSCHEN. ERSCHAFFEN UND BEWIRKEN Sie einfach. OHNE jemals etwas dabei im irdischen Sinne ZU DENKEN oder gar etwas im irdischen Sinne dabei zu BEABSICHTIGEN oder zu WÜNSCHEN. Lassen Sie einfach die GÖTTLICHE LICHTENERGIE frei dorthin fließen, wo es erforderlich erscheint. Ohne in irgendeiner Form hier anmaßend oder vermessen sein zu wollen, handelt sich hierbei doch um das gleiche (zumindest grundlegende) Prinzip, aus dem heraus CHRISTUS bereits im Guten gewirkt hat, wenngleich aus einer kaum noch für uns zu realisierenden weitaus höheren Ebene heraus. DIESE Arten des ‚Wirkens' und später auch des ‚Manifestierens' sind genau die (uns derzeit möglichen) Wege des ‚Wirkens' und ‚Manifestierens', welche uns von Christus so offenbart wurden, und so auch in der Bibel überliefert sind.[53] In seinem Wirken, welches für die im ‚Sinnlich-Materiellen' befangenen Menschen dort als ‚Wunder' bezeichnet wurde, liegt auch der Schlüssel für ‚das Wirken im Guten' genau der Menschen, ‚in denen Gott geehrt wird'.[54]

---

[53] So zum Beispiel die ‚Speisung der Fünftausend' oder ‚die Auferweckung des Lazarus'.
[54] Siehe Zitat aus dem dritten Band der LICHTREIHE von John R. McCollins: „Menschen, die nach keinen Dingen trachten, weder nach Ehren noch nach Nutzen, noch nach innerer Selbstaufopferung, noch nach Heiligkeit noch nach Belohnung, noch nach dem Himmelreich...: in solchen Menschen wird Gott geehrt." Meister Eckhart

Übung für die ersten Versuche des ‚Wirkens im Guten'
In der folgenden Übung wollen wir zum ersten Mal unsere (bisherigen) Möglichkeiten des Wirkens im Guten erkunden. Dazu müssen wir zunächst einmal erlernen EMOTIONS-, GEDANKEN- und ABSICHTSLOS den Verlauf dieses Spieles zu BEOBACHTEN **ohne** jedoch dabei ein BEWUSSTER BEOBACHTER [55] zu sein. Dies ist so zu verstehen, dass wir das laufende Spiel beobachten, ohne in irgendeiner Form ein irdisches ‚Gefühl' dabei zu empfinden oder einem irdischen Gedanken dabei nachzufolgen oder diesem unsere Aufmerksamkeit zu schenken oder diesem in irgendeiner Weise ‚nachzuhängen' oder ‚anzuhaften'.

„Die reine Beobachtung ist die Energie, die das, was ist, verwandelt..." [56]
Krishnamurti

Wenn Sie das vorstehende Zitat von Jiddu Krishnamurti nochmals in alle Ruhe Revue passieren lassen, wird sich Ihnen auch noch eine weitere Ebene der Erkenntnis darin offenbaren. Wir ‚verwandeln', oder eben auch, wenn man so will: WIRKEN, an DEN Dingen, **welche tatsächlich und real sind. AN DEN URSACHEN SELBST**. Also NICHT an den Dingen oder den Erscheinungen, die man als Mensch üblicherweise mit seinen irdischen Sinnen in dieser Welt der ‚Maya' als scheinbar real wahrzunehmen glaubt. Dies sind **nur Erscheinungen** der Ursachen, an denen wir durch die WAHRE GÖTTLICHE LICHTENERGIE wirken dürfen. Die ‚reine Beobachtung' ist dabei nur die, wenn man so will, ‚Tür', durch welche uns die WAHRE GÖTTLICHE LICHTENERGIE dabei zufließt.

---

[55] Diese Vorgänge lassen sich kaum noch mit den Begriffen dieser uns als Menschen so vertrauten Sprache der ‚Maya' beschreiben. Wenn es Ihnen das erste Mal gelungen sein wird, im Guten zu wirken, werden Sie zu verstehen beginnen, was der Verfasser hiermit meint.

[56] Quelle: Krishnamurti: Vollkommene Freiheit, Fischer, Frankfurt am Main, 5. Auflage 2006, S. 461, ISBN: 3596150671

Wohlgemerkt: es sind NICHT Sie oder Ich, AUS denen diese Energie entspringt, sondern wir sind nur das, wenn man so will: ‚Portal', durch welches diese Energie in diese Welt der Maya hineinströmt.
Unser Geist hat sich in diesem Zustand von unserem derzeitigen irdischen Körper vollständig gelöst [57] und ist somit absolut frei von ALLEN Erscheinungen des **Abhimâna**. [58]

> **Dies ist der Zustand der GEDANKENFREIEN ABSOLUTEN EMOTIONSLOSIGKEIT und ABSICHTSLOSIGKEIT.**
> **ES IST EINE FORM DER WAHREN MEDITATION.**
> **In diesem Zustand haben bereits ‚Raum' und ‚Zeit' und somit (wahrscheinlich sogar zum ersten Mal in dieser Inkarnation) auch der ‚irdische Tod' selbst**
> **jegliche Bedeutung für uns verloren.**
> **Oder einfacher formuliert: solange dieser Zustand in uns** [59] **andauert, sind weder ‚Zeit' noch ‚Raum', noch ‚Tod' für uns existent und üben keinerlei Macht mehr über uns aus.**

Dieser Zustand, welchen Meister Eckhart [60] *auch als ‚Nu' bezeichnet hat, ist bereits eine ERSTES Erleben der EWIGEN GEGENWART.*
Oder, um mit Johann Wolfgang von Goethe zu sprechen:
„Der Augenblick ist Ewigkeit." ... für uns geworden.
Johann Wolfgang von Goethe
Daher war es auf unserem bisherigen Wege so wichtig, alle diese ‚Wesen' und ‚Kreaturen' in uns zuerst zu überwinden und danach zu

---

[57] Siehe auch das Kapitel: ‚Vom Lösen unseres unsterblichen ICH vom irdischen Körper' dieses Buches.
[58] Abhimâna – bedeutet soviel wie: ‚Anhangen des GEISTES an etwas', Studien über die Bhagavad Gîtâ – Dritte Folge' The Dreamer, Verlag Max Altmann, Leipzig 1906
[59] Mit ‚in uns' ist NICHT dieser irdische Körper gemeint.
[60] Meister Eckhart deutscher Mystiker ca. 1260 bis 1327 anno Domini

ertöten. [61] Nur, wenn wir ABSOLUT FREI von allen Gedanken und Wünschen, frei von jeglichem Verlangen, frei von allen Gefühlen, und frei von dem künstlichen Lärm um uns herum sind, wird es uns ermöglicht werden, aus der dann in uns ERSCHAFFENEN STILLE heraus im Guten zu wirken und später sogar im Guten zu manifestieren. Der Sinn unserer Übungen zur Erschaffung der Stille in uns und unser völliges Loslassen all dieser künstlichen ‚Zeitfresser' um uns herum, ermöglicht es dem aus reinstem Herzen heraus Suchenden, diesen Aufstieg in die höhere (weil geistige) Welt hiermit zu beginnen. [62]

„Wenn Sie ohne jegliches Urteil schauen, ohne irgendeine Wahl, nur einfach beobachten, dann ist in dieser Beobachtung kein Beobachter. In dem Augenblick, in dem der Beobachter hinzukommt, beginnt das Vorurteil, beginnen die Vorlieben und Abneigungen."
Krishnamurti [63]

Wichtig dabei: unser eigenes Würfelspiel wird, ohne dass wir nach außen hin in irgendeiner Form ‚unbeteiligt' wirken dürfen, absolut unwichtig und nebensächlich für uns. Es ist vollkommen unerheblich, wie die Würfel für UNS fallen. Nur das Wirken im Guten ist unser alleiniges Ziel dabei.

„Energie sammelt sich an, wenn eine Beobachtung ohne den Beobachter stattfindet."   *Krishnamurti* [64]

Wenn Sie den Zustand der ‚Stille in sich selbst' erreicht und Sie somit den ‚Fokus in Ihrer Seele' gefunden haben, lauschen Sie

---

[61] Mabel Collins – „Licht auf den Pfad" - Th. Grieben's Verlag, Leipzig, 1917
[62] siehe Bände Eins bis Drei der LICHTREIHE von John R. McCollins
[63] Quelle: Jiddu Krishnamurti in: Evelyne Blau, Hrsg., Krishnamurti 100 Jahre, Aquamarin, Grafing, 1995, S. 445, ISBN: 3894270721
[64] Quelle: Krishnamurti: Vollkommene Freiheit, Fischer, Frankfurt am Main, 5. Auflage, 2006, S. 481, ISBN: 3596150671

einfach in diese Stille hinein. Versuchen Sie in dieser Stille die Emotionen Ihres Kindes zu erspüren. Seine Enttäuschung über die unpassenden Würfe. Beginnen Sie nun damit, diese Enttäuschung Ihres Kindes mit Ihrer tiefempfundenen Empathie [65] liebevoll zu umfangen. Damit wird ein ‚Kommunikationskanal' des WAHREN GÖTTLICHEN LICHTES geöffnet. [66]

„Die Liebe ist vor allem ein Lauschen im Schweigen."
Antoine de Saint-Exupéry

Wenn Ihr Kind wieder ‚an der Reihe ist', zu würfeln, beobachten Sie diesen Wurf emotionslos und absichtslos und ohne dabei ein bewusster Beobachter zu sein. Halten Sie Ihren Fokus die gesamte Zeit in Ihrem unsterblichen Ich und im Fokus Ihrer Seele, wie wir es bereits erlernt haben.

Lassen Sie diesen Wurf einfach völlig frei geschehen. Er gleitet einfach an Ihnen vorbei. [67]

Angenommen, dass noch eine ‚Vier' fehlen würde ist es meist (zumindest zu Anfang unseres Lernens) hilfreich, wenn man OHNE BEWUSST DABEI ZU DENKEN das Erforderliche ausspricht, **ohne** jedoch dabei eine Forderung oder einen Wunsch zu formulieren. Dieses könnte zum Beispiel eine solche Wendung, wie: ‚Du brauchst jetzt noch eine ‚Vier'. Komm streng' Dich an...' oder dergleichen sein. Halten Sie die ganze Zeit Ihren Fokus in Ihrem unsterblichen Ich und in Ihrer Seele, ohne sich jedoch dessen als Beobachter bewusst zu werden, bewusst werden zu wollen, oder gar einen Zwang daraus zu gestalten.

---

[65] Empathie - hier in etwa in der Form: ‚eine der höchstmöglichen Formen des irdischen Mitgefühls' gebraucht.
[66] Dieser Vorgang ist absolut FREI von allen Gedanken und FREI von allem Denken.
[67] Der Verfasser bemüht sich, diese nichtirdischen Vorgänge bestmöglich in die Sprache der ‚Maya' zu übertragen. Wenn es Ihnen das erste Mal gelungen sein wird, so im Guten zu Wirken, werden Sie verstehen, was hiermit GENAU gemeint ist.

Wenn man versucht, solche Vorgänge in die Sprache der Welt der ‚Maya' zu übertragen, erscheinen diese manchmal etwas kompliziert zu sein, was jedoch tatsächlich nicht der Fall ist. Meist ist diese Erscheinung nur den fehlenden irdischen Ausdrucksmöglichkeiten geschuldet. Die **eigentlichen** Vorgänge sind **ihrer Natur nach** meist viel einfacher zu fassen. Die gegebenen Hinweise sollen somit auch keine ‚Anleitung zum Handeln' oder ein ‚Kochbuch zum Wirken im Guten' sein, sondern sollen nur eine grobe Vorstellung von den dabei ablaufenden Vorgängen vermitteln. Lassen Sie einfach die WAHRE GÖTTLICHE LICHTENERGIE frei dahin fließen, wo es erforderlich erscheint.

Falls Ihnen diese Übung jedoch auch nach zwei bis drei Versuchen nicht gelungen sein sollte, lassen Sie die Energie für heute los und spielen Sie Ihre Position für heute einfach, wie gewohnt weiter. Man kann vom Universum niemals etwas erzwingen. Dies würde so nur im Gleichnis von den uns schon bekannten ‚Streichhölzern in Kinderhand' enden.

Für einen weiteren Versuch wollen wir uns dieser Übung von einer etwas anderen Seite her nähern.
Nachfolgend eine kurze Schilderung der ‚Technik'. [68]
Suchen und finden Sie den Fokus in Ihrem unsterblichen Ich und Ihrer Seele und halten Sie diesen dort während der gesamten Übung. Genau dort, im Fokus in unserem unsterblichen ICH, lassen wir das Beabsichtigte einfach geschehen OHNE ES JEDOCH DABEI ZU DENKEN; ZU WÜNSCHEN ODER DABEI ZU BEABSICHTIGEN. Das

---

[68] Bitte seien Sie sich immer gewiss, dass man diese Vorgänge einer höheren Ordnung kaum noch mit den Begriffen dieser irdischen Sprache beschreiben kann. So möge es dem Verfasser bitte verziehen sein, wenn er hier den Begriff der ‚Technik' verwendet.

GESCHEHEN-LASSEN führt so zur ERSCHEINUNG selbst; indem wir es zur bereits erschaffenen Realität machen.
‚Es ist geschaffen! Es ist Realität. Es ist vollbracht'

Der reine Gedanke ohne Denker ist die erste Manifestation des GÖTTLICHEN GEISTES in Dir.

Üben Sie so in aller Ruhe und Geduld weiter, bis Sie sicher erlernt haben, wie wir aus unserem unsterblichen Ich und aus unserer Seele (und so auch aus unserem Geist) heraus wirken können.
**Doch sein gewarnt:
NICHT DU hast bewirkt oder erschaffen, sondern es war die GÖTTLICHE LICHTENERGIE, die unendlich starke WEISSE KRAFT, welche DURCH Dich gewirkt hat. Sei Dir dessen stets bewusst, denn nur DIES wird Dich vor den Verlockungen der ‚höheren Form des Sonderseins' stets sicher bewahren.** [69]
Es ist eine große Gnade für einen Inkarnierten, welcher noch nicht vollständig aufgestiegen ist, wenn ihn DAS WAHRE GÖTTLICHE LICHT auserwählt hat, IN SEINEM NAMEN in dieser Welt der Maya zu wirken.

Im diesem Kapitel haben wir zunächst grundlegend ‚erlernen' dürfen, wie wir mit der GÖTTLICHEN LICHTERNERGIE wirken können. Für diesen Zweck und weil wir keinerlei irdisches Verlangen damit verbunden hatten, war es uns gestattet worden, die GÖTTLICHE LICHTENERGIE für dieses einfache Spiel einzusetzen. Ab dem Punkt, da wir in dieser Anwendung, oder wenn man so will: in dieser ‚Technik', sicher geworden sind, ist es nunmehr an uns, dem Universum unseren Dank dafür auszusprechen und zu erklären, dass wir die GÖTTLICHE LICHTENERGIE von nun an NICHT mehr für solche

---

[69] Siehe auch das Kapitel: ‚Von der höheren Form des Sonderseins' dieses Buches.

trivialen Zwecke einsetzen werden. Bitte vergessen Sie bei Ihren weiteren Schritten NIEMALS, sich für alles, was uns so zufließt beim Universum zu bedanken. Nicht, weil wir es tun sollen, sondern weil es uns ein vom ‚Herzen her strömendes Bedürfnis' ist. Dies gilt so auch für das ‚Manifestieren im Guten', mit welchem wir uns in einem der folgenden Bände der LICHTREIHE von John R. McCollins noch beschäftigen werden.

„Wenn du dich anschickst, aus dem wahren Brunnen zu schöpfen, spendet er um so mehr, je mehr du schöpfst."
Antoine de Saint-Exupéry

Von den ‚Stufen' und von den ‚Formen' der ‚Egozentrik'

Im dritten Band der LICHTREIHE von John R. McCollins hatten wir uns im Kapitel: ‚Von Deiner ersten Aufgabe' mit der Überwindung des ‚Ehrgeizes' in Dir beschäftigt. Dabei haben wir gemeinsam festgestellt, dass der ‚Ehrgeiz' nur eine ‚feinere Erscheinungsform' des ‚Egoismus' ist und die ‚nieder Form des Sonderseins' auch nur wieder eine verfeinerte Erscheinungsform des ‚Ehrgeizes' darstellt. Diese Erkenntnis hatten wir dort in der hier nochmals zum besseren Verständnis wiedergegebenen Grafik zusammengefasst:

Egoismus
⬇
Ehrgeiz
⬇
Niedere Form des Sonderseins
⬇
- ? -

An der untersten Position dieser Grafik war damals jedoch noch ein Fragezeichen für uns verblieben. Dazu werden wir im Rahmen dieses Buches im Kapitel: ‚Von der höheren Form des Sonderseins' versuchen, diese (derzeit) bereits am höchsten entwickelte Erscheinung des Egoismus ebenfalls für uns leichter ‚greifbar' zu machen. Ohne hier diesem Kapitel in irgendeiner Form bereits vorgreifen zu wollen, kann man zusammenfassend feststellen, dass ALLE diese Formen (und möglicherweise auch zukünftige noch feinere Erscheinungsformen des Egoismus [70]) sich **jeweils** in DREI UNTERFORMEN unterteilen lassen. Die ‚Stufen und Formen der

---

[70] Als zusammenfassenden Begriff für ALLE diese Erscheinungsformen wurde vom Verfasser und im Rahmen dieses Bandes der LICHTREIHE von John R. McCollins zunächst einmal der Begriff EGOZENTRIK gewählt.

Egozentrik' [71]. Unserem derzeit bereits erreichten Entwicklungsstand entsprechend, ergeben sich in etwa folgende Beschreibungen dieser Stufen:
- Egozentrik der ‚Gedankenlosigkeit'
- Egozentrik des ‚Ist-MIR-doch-egal'-Denkens
- Egozentrik des ‚Vorsatzes'

Nachfolgend wollen wir gemeinsam versuchen, uns dem Verständnis dieser drei Formen der Egozentrik zu nähern:

Die ‚Gedankenlose' Egozentrik

Dieser Mensch oder dieses Wesen scheint seinen Fokus oder, wenn man so will: seinen ihm vom Universum bestimmten Platz, noch nicht gefunden zu haben. Derjenige ruht so noch nicht in sich selbst. Er ‚treibt wie ein Blatt im Wind' durch dieses, sein irdisches, Leben. Oder ‚springt wie ein Gummiball' mal nach da und mal nach dort. Bei dieser unsteten ‚Reise' will er jedoch niemandem (vorsätzlich) Schaden zufügen. Er handelt so einfach nur ‚oberflächlich', oder, wie das der ‚Volksmund' so nennt: ‚gedankenlos'. Ihm sind und werden somit die möglichen oder tatsächlichen Folgen seines Handelns nicht selbst bewusst. Das ‚Nicht-Schaden-Wollen' ist jedoch dabei bereits sein inneres Wesen. Wird derjenige daher von AUSSEN darauf angesprochen, oder wird er von AUSSEN darauf aufmerksam gemacht, dass er mit seinem Verhalten jemandem Schaden zufügt oder zufügen kann, beendet er SOFORT dieses Verhalten. Er ist somit selbst NICHT in der Lage, die Auswirkungen seines Handelns

---

[71] ‚Egozentrik' bedeutet an dieser Stelle (und mit Ausnahme des Elements welches wir in unserer vorstehenden Grafik noch mit einem Fragezeichen bezeichnet haben) hier in etwa so viel wie: Das Ego des Einzelnen ist absolutes und alleiniges Zentrum seiner Selbstwahrnehmung. Alle anderen Wesen und Erscheinungen ordnet dieser Mensch oder dieses Wesen diesem allesbestimmenden Ego unter. All dies existiert in seiner Wahrnehmung nur AUSSERHALB seines Egos. Nur das Ego und die Befriedigung seines (materiellen) Verlangens ist bereits der alleinig bestimmende Antrieb aller seiner Handlungen geworden.

auch selbst zu erkennen. Er läuft so ‚mit offenen Augen träumend' durch dieses irdische Leben. Er handelt dabei fast wie in ‚Trance' versetzt. [72] Spricht man ihn darauf aber von AUSSEN an, erscheint er dieser Person fast wie ein ‚aus einem Tagtraum gerade Aufgeschreckter'. Sehr oft ‚versinkt' der so Angesprochene danach jedoch recht zügig wieder in seiner ‚Traumwelt'.

**Er ‚lebt' dabei nicht dieses Leben –
er TRÄUMT nur, es zu leben.**

Demjenigen ist es, zumindest so lange dieser Zustand anhält, nicht möglich, seine ihm vom Universum für dieses ‚Leben' übertragene Aufgabe zu erfüllen. In diesem Traumzustand ist es ihm (noch) nicht einmal möglich, sich dieser Aufgabe auch SELBST bewusst zu werden, geschweige denn die Lösung dieser Aufgabe sogar selbständig ‚anzugehen'.

Die ‚Ist-mir-doch-egal'-Egozentrik
Um diese Stufe der ‚Egozentrik' leichter verstehen zu können, wollen wir hierzu zunächst einmal eine (im Moment leider gar nicht mehr so seltene) so oder zumindest ähnlich auftretende Situation betrachten. Es ist dies eine kurze Sequenz aus einem weiteren Buch von John R. McCollins. [73] Die Szene spielt im Wartebereich eines CT in einem Krankenhaus. Ein Kind wird schwerverletzt eingeliefert. Da das CT für diesen ‚Notfallscan' freigehalten wird, verschieben sich alle ‚Bestelltermine' zeitlich nach hinten:
„An dem Fenster zur Anmeldung stand jetzt der Herr mittleren Alters. Offensichtlich hatte ER dort geklingelt. Als die freundliche Radiologie-Schwester das Fenster öffnete, begann er unvermittelt

---

[72] Siehe hierzu auch das Kapitel: ‚Vom Traum, vom Denken und vom Geist' dieses Buches.
[73] Es handelt sich um das Buch: ‚Bommelfutz und das Haus der blauen Steine', John R. McCollins, tolino media, 2024, ISBN: 978-3-759228-47-5, Seite 102

herum zu zetern. „Ich hatte einen Termin und warte nun schon seit zwanzig Minuten. Eine Frechheit ist das." Freundlich erklärte die Schwester Herrn S. nochmals, dass das CT für einen Notfall freigehalten werden muss. „Ein schwerverletztes Kind wird in wenigen Minuten mit dem Rettungshubschrauber gebracht und muss sofort ins CT." „Das ist MIR doch egal. Sollen die doch besser aufpassen, dann brauchen die auch kein CT!"." [74]

In dieser Form der ‚Ist-Mir-Doch-Egal-Egozentrik' ordnet der hierin verhaftete Mensch bereits seine GESAMTE UMWELT der Befriedigung seines Egos unter. Ob andere Wesen oder Menschen dabei Schaden erleiden ist demjenigen bereits ‚EGAL'. Es gibt jedoch (noch) keine **vorsätzliche** Absicht dabei jemandem schaden zu wollen.

Diese Form der Egozentrik ist jedoch weiter verbreitet, als man allgemein annimmt. Denn auch schon derjenige, welcher sich zum Beispiel bei einer Veranstaltung auf einen Platz setzen will, welcher eigentlich für eine gehbehinderte Person vom Veranstalter reserviert wurde und sogar derjenige, der seinen Pkw vor dem Supermarkt auf einem ‚Mutter-Kind-Parkplatz' oder auf einem ‚Behindertenparkplatz' abstellt, ist bereits in diesem Denken befangen.

Alle diese Erscheinungen sind dabei bereits eine (wenn auch noch recht milde) Form der ‚Habgier'.

„Dreifach sind die Tore zur Hölle: Verlangen, Zorn und Habgier, die Zerstörer der Seele."
Bhagavad Gîtâ

---

[74] Zitat aus: ‚Bommelfutz und das Haus der blauen Steine', John R. McCollins, tolino media, 2024, ISBN: 978-3-759228-47-5, Seite 102

Die ‚Vorsätzliche' Egozentrik

Derjenige, der in dieser Form der Egozentrik verhaftet ist, ordnet bereits alles (sein gesamtes Denken, Fühlen und Handeln) diesem Wesen unter, welches wir schon im Kapitel ‚Hölle ist nichts als ein Wesen' des dritten Bandes der LICHTREIHE von John R. McCollins so kennengelernt haben. Es ist die alles andere zersetzende (dunkle) Eigenschaft, welche derjenige zu seinem Wesen erwählt hat. Wohlgemerkt: diese Stufe stellt bereits eine wissentliche und WILLENTLICHE Äußerung desjenigen dar. Sein ‚konditioniertes Denken und sein konditionierter Wille' [75] haben ihn zu dieser ihm voll BEWUSSTEN Handlung geführt. Derjenige hat somit bereits alle moralischen und in seinem bisherigen Werdegang kennen gelernten menschlichen Verhaltensweisen in ihm selbst vorsätzlich ausgelöscht. Ihm ist es nicht mehr nur ‚egal', wenn andere dadurch geschädigt werden können oder geschädigt werden, sondern er ‚nimmt dieses billigend oder sogar bereits vorsätzlich in Kauf'. Dies stellt somit eine bewusste Handlung desjenigen dar.

„Für Vorsatz gibt es keine Entschuldigung."
Volksweisheit

Aus dem ‚Das-alles-ist-mein-Denken' oder aus der unglaublichen Auffassung heraus, dass demjenigen dies alles so ‚zustehe', leitet dieser seinen egozentrischen Ansatz ab. Er hat alle, möglicherweise an ihn ‚herantretenden', Schuldgefühle und sein gesamtes jemals vorhandenes ‚Unrechtsbewusstsein' komplett in sich ausgelöscht. Oder, wenn man so will, dies alles wurde aus seinem Wesen ‚herauskonditioniert'. [76]. Solche Volksweisheiten, wie:

---

[75] Siehe auch das Kapitel: ‚Vom Traum, vom Denken und vom Geist' dieses Bandes der LICHTREIHE von John R. McCollins.
[76] Siehe auch das Kapitel: ‚Vom Begriff' von der Symbolik und von der Allegorie' dieses Buches.

„Was Du nicht willst, das man Dir tu',
das füg' auch keinem anderen zu."
(Deutsches Sprichwort), ja manchmal sogar geltende Gesetze und Vorschriften und dergleichen mehr, scheinen in seiner Vorstellung nur für die ‚Anderen' zu gelten. Nicht für ihn selbst. Derjenige fühlt sich meist sogar darüber ‚erhaben' zu sein. Er ist somit Derjenige, der im übertragenen oder tatsächlichen Sinne ‚das letzte Brötchen vom Frühstückstisch nimmt'. Oder derjenige, der bei einer Busreise für das Mittagessen beim Busfahrer KEINE Bockwurst bestellt, dann aber TROTZDEM eine Wurst isst. Obwohl ihm dieses letzte Brötchen oder diese ‚Bockwurst' wissentlich nicht zusteht, und ihm so absolut klar ist, dass dadurch jemand KEIN Essen bekommen wird, nimmt er es trotzdem BEWUSST UND IN VOLLER ABSICHT in Kauf. Dies ist somit eine vorsätzliche Handlung im Sinne von: ‚ich nehme dieses letzte Brötchen, auch wenn ich bereits satt bin, eigentlich nichts mehr essen kann und dieses Brötchen nachher ganz gewiss im ‚Mülleimer' landen wird - Hauptsache, die anderen haben dann noch Hunger' oder werden so wenigstens in irgendeiner Form geschädigt. Bestimmende Haltung ist bereits das: ‚Die-Anderen-um-jeden-Preis-schädigen-wollen'. Dies stellt somit die alleinig-treibende Kraft seines Handelns dar. Eine solche Verhaltensweise ist oft sogar bereits durch eine Erscheinung des ‚Hasses' in demjenigen getrieben.

„Dreifach sind die Tore zur Hölle: Verlangen, Zorn und Habgier, die Zerstörer der Seele."
Bhagavad Gîtâ

Wie wir aus obigem Zitat aus dem ‚Bhagavad Gîtâ' bereits wissen, öffnet diese Verhaltensweise für denjenigen ‚die drei Tore zur Hölle': ‚Verlangen', ‚Habgier' und ‚Zorn' (als eine Form des ‚Hasses').

„Der Zorn macht nicht blind; er entsteht durch das Blindsein."   *Antoine de Saint-Exupéry*

Derjenige hat sich so durch diese Äußerung seines (menschlichen) Willens vom Weg zu seiner wahren Bestimmung abgewendet.

Von der 'höheren Form des Sonderseins'

Im Kapitel ‚Von den Stufen und von den Formen der Egozentrik' haben wir uns bereits weiterführend mit den uns bisher bekannten Formen des Sonderseins:
- Egoismus
- Ehrgeiz und
- ‚niedere Form des Sonderseins'

weiterführend beschäftigt. Wie wir dort bereits verinnerlicht haben, steht der Egoismus an der untersten Stelle, gefolgt vom Ehrgeiz. In der bisher am ‚feinsten entwickelten Stufe' war uns so die ‚niedere Form des Sonderseins' begegnet.

Alle diese Erscheinungen des Sonderseins unterteilen sich JEWEILS in drei Stufen der, wie wir es dort zunächst einmal genannt haben, ‚Egozentrik'.

Nunmehr ist es an uns, auch das bisher an der untersten Stelle der dort verwendeten Grafik verbliebene ‚Fragezeichen' als derzeit am höchsten entwickelte, und somit auch am schwersten zu erkennende Form des Sonderseins näher zu betrachten. Es handelt sich hierbei um ‚die höhere Form des Sonderseins'. Diese (derzeit) am höchsten und am feinsten entwickelte Erscheinung des Sonderseins in dieser Welt der Maya begegnet dem Suchenden immer genau dann, wenn er den Ehrgeiz, den Egoismus und die ‚niedere Form des Sonderseins' überwunden und danach in sich selbst ‚ertötet' zu haben wähnt. Genau dann, wenn ihm die ersten Schritte auf dem Weg zum WAHREN GÖTTLICHEN LICHT ‚gelungen' sind, tritt diese Form des Sonderseins an ihn heran. Es ist eine Gesetzmäßigkeit einer niederen Ordnung und das ERKENNEN dieser ‚höheren Form des Sonderseins' ist somit für den weiteren Aufstieg des Suchenden erforderlich und geboten.

Es handelt sich genau um die Erscheinung, die in dem Moment, in dem es uns zum ERSTEN Mal gelungen ist, mit der Macht der WAHREN GÖTTLICHEN LICHTENERGIE zu wirken, an unsere Seite getreten ist. Es ist genau die Erscheinung, welche wir im Kapitel ‚Vom Wirken Lernen und von einem Würfelspiel' wie folgt beschrieben haben:

„NICHT DU hast bewirkt oder erschaffen, sondern es war die GÖTTLICHE LICHTENERGIE, die unendlich starke WEISSE KRAFT, welche DURCH Dich gewirkt hat. Sei Dir dessen stets bewusst, denn nur DIES wird Dich vor den Verlockungen der ‚höheren Form des Sonderseins' stets sicher bewahren."

Im Gegensatz zu den drei uns bereits bekannten ‚gröberen' Erscheinungsformen (Egoismus, Ehrgeiz und ‚niedere Form des Sonderseins') wird die ‚höhere Form des Sonderseins' auf unserem weiteren Weg zum WAHREN GÖTTLICHEN LICHT niemals mehr gänzlich von unserer Seite weichen, bis wir unser Ziel als Menschen und als Menschheit, die goldenen Tore, erreicht haben werden. Für den Suchenden gilt somit von nun an: „Es ist die Gefahr..., daß nicht tief in seinem Innersten unmerklich die Saat des geistigen Selbstwahns und der Machtsucht keimt und ehe er ihr Wachstum merkt, sein Höheres erstickt." [77]

Und weiter: „Er hat in sich den Wahn genährt, daß er von sich aus kraft seines geistigen Iches etwas vermöge. Dann hat die Hoffart leichtes Spiel mit ihm." [78] Seien Sie sich somit jeden Tag immer wieder bewusst, dass **NICHT SIE** etwas bewirkt, gewirkt oder manifestiert haben, sondern dass die WAHRE GÖTTLICHE LICHTERNERGIE nur **DURCH** Sie in dieser Welt der Maya gewirkt hat. Seien Sie dankbar dafür und sich so dieser Gnade jeden Tag, jeden Augenblick und jeden Atemzug bewusst. Dann werden Sie stets FREI von allen Erscheinungen der ‚höheren Form des Sonderseins' bleiben und so auf Ihrem weiteren Weg sicher voranschreiten.

---

[77] Mabel Collins, ‚Ein Ruf aus der Ferne', Ulrich-Verlag, Calw, dritte Auflage, 1958, Seite 22 - (Die Originalausgabe von Mabel Collins ist unter dem Titel ‚A cry from a far' im Jahre 1904 erschienen)
[78] ebenda

Von der ‚Dritten Ebene'

Im ersten und zweiten Buch der LICHTREIHE von John R. McCollins haben wir uns mit den grundlegenden Aufgaben für uns auf unserem Weg bis hin zu den goldenen Toren vertraut gemacht. Wir haben alle negativen Gefühle der **ersten** Ebene überwunden und haben gelernt, Erscheinungen auf der **zweiten** Ebene in Ihrer Wirkung in uns ‚auszulöschen'. oder treffender formuliert: ‚zu ertöten' [79]

Wie im gesamten Universum so gibt es auch hier eine DREITEILUNG. Eine **dritte** Ebene. Eine dritte Ebene, auf der die URSACHEN **hinter** DIESEN Erscheinungen immer noch für uns wirksam sind. Es ist somit die am schwierigsten zu erkennende Ebene, welche uns immer noch auf unserem selbstgewählten Weg zur GÖTTLICHEN WAHRHEIT und zur allumfassenden Liebe des EINEN als hemmende Erscheinung entgegentritt.

Im dritten Band der LICHTREIHE von John R. McCollins ist uns bereits die ‚niedere Ebene des Sonderseins' begegnet. In diesem vierten Band haben wir uns im Kapitel ‚Von der höheren Form des Sonderseins' mit den (für unsere Entwicklung negativen) Erscheinungen der ‚höheren Form des Sonderseins' beschäftigt. Unbeantwortet geblieben ist aber bisher noch die Frage, warum sich überhaupt für uns ein ‚Sondersein' entwickelt hat. Diese Frage wollen wir versuchen an dieser Stelle, so einfach und umfassend, wie dies überhaupt mit der Sprache dieser Welt der Maya möglich ist, zu erklären. Hier und an dieser Stelle haben wir bereits einen Punkt erreicht, an welchem wir unserer ‚inneren Stimme', unserer ‚Intuition', oder genauer noch: **den in uns bereits erwachten Göttlichen Sinnen** das erste Mal **vertrauend die Führung unseres ICH-SELBST überlassen werden**. Dies ist daher erforderlich, weil es kaum noch möglich ist, den tatsächlichen INHALT des Begriffes

---

[79] Mabel Collins – „Licht auf den Pfad" - Th. Grieben's Verlag, Leipzig, 1917

SONDERSEIN mit irdischen Begriffen, also den Begriffen, die dieser ‚sinnlich-materialistischen' Welt, also der Welt der ‚Maya'[80] entspringen, zu erklären. Der Verfasser wird versuchen, diese Erscheinung, die Erscheinung des Sonderseins, so verständlich und nachvollziehbar, wie es mit diesen Begriffen der Maya möglich ist, darzustellen. Zunächst werden wir dazu einen für uns vielleicht noch neuen Begriff einführen:
Den Begriff: Ahamkâra (das ICH-Bewusstsein)
Versuchen wir zunächst der Erklärung dafür, so weit wie irgend möglich, zu folgen:

„Das kosmische Prinzip, in dem das Ichbewusstsein entsteht und im Menschen das individuelle Sein hervorruft, durch welches er zwar zum Selbstbewusstsein gelangt, sich aber zu gleicher Zeit von allem andern, vom Nicht-ich scheidet." [81]

Stark vereinfacht formuliert und, wenn wir dieser Auffassung so folgen wollen, kann man sagen, dass der Mensch in seiner Entwicklung zunächst ausschließlich in der **Gesamtheit** der GÖTTLICHEN SCHÖPFUNG existiert hat. So zusagen im **kollektiven Bewusstsein** der Schöpfung und in allen Dingen zugleich. Ohne sich dessen jedoch BEWUSST dabei zu werden und sich dessen dabei auch selbst BEWUSST zu sein. Dies war daher schon nicht möglich, weil es ja bisher noch kein Selbstempfinden gab. Es gab noch keinen ERKENNENDEN. [82]

---

[80] Maya' – das ‚Eitle', ‚Nichtige' und ‚Unwahre' – Begriff wohl ursprünglich aus der östlichen Mystik stammend (Sankara)
[81] ‚Studien über die Bhagavad Gîtâ', Dritte Folge, The Dreamer, Verlag Max Altmann, Leipzig, 1906
[82] Siehe auch die Kapitel: ‚Über den Vorgang des Erkennens' und ‚Über den Vorgang des GÖTTLICHEN Erkennens' des zweiten Bandes der LICHTREIHE von John R. McCollins.

Für die weitere Entwicklung der Menschheit war es jedoch nunmehr zwingend erforderlich, sich selbst als ICH zu erleben und somit sich seines ICH-Selbst auch selbst bewusst zu werden.

Vielleicht hilft Ihnen die nachfolgende Grafik dabei, diese in der Sprache der Maya formuliert etwas kompliziert erscheinenden Beziehungen leichter zu verstehen:

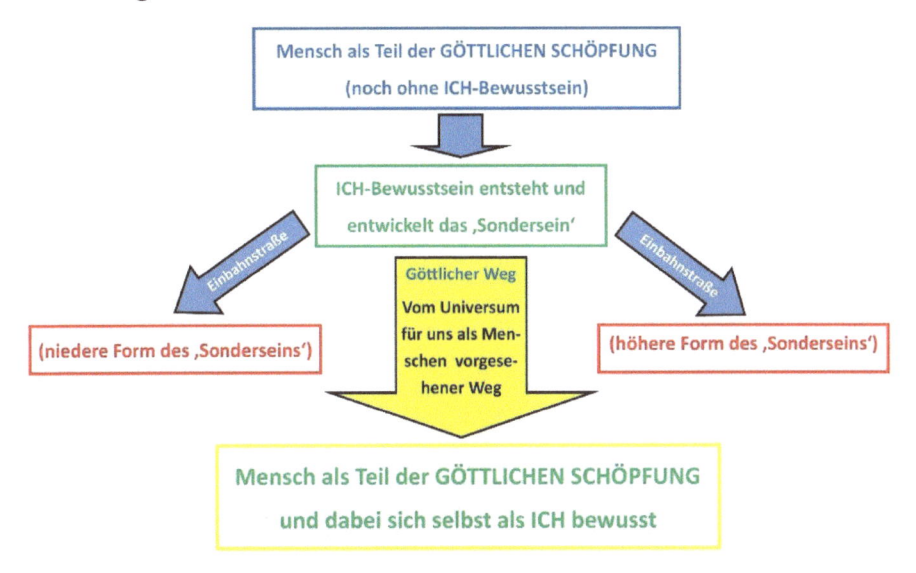

```
                Mensch als Teil der GÖTTLICHEN SCHÖPFUNG
                        (noch ohne ICH-Bewusstsein)
                                    ↓
                    ICH-Bewusstsein entsteht und
                    entwickelt das ‚Sondersein'
          ↙                                          ↘
   Einbahnstraße        Göttlicher Weg          Einbahnstraße
                        Vom Universum
                        für uns als Men-
(niedere Form des       schen vorgese-         (höhere Form des
  ‚Sonderseins')        hener Weg              ‚Sonderseins')
                              ↓
                Mensch als Teil der GÖTTLICHEN SCHÖPFUNG
                und dabei sich selbst als ICH bewusst
```

Das Sich-Selbst-Bewusst-Werden führt (zunächst einmal) zum Verlust der Fähigkeit, in ALLEM das darin enthaltene und darin wirkende GÖTTLICHE zu erkennen. Es ist ein notwendiger und erforderlicher **Zwischenschritt** auf dem Weg zur wahren Bestimmung des Menschen und der Menschheit. Unsere wichtigste Aufgabe ist es somit derzeit, zu erkennen, dass es sich hierbei NUR UM EINEN ZWISCHENSCHRITT handelt, welcher nunmehr überwunden werden muss. Die **Illusion** des ‚Sonderseins' in allen seinen negativen Erscheinungsformen (‚niedere' und ‚höhere' Form) muss von jedem ICH-Selbst vollständig erkannt und danach in sich selbst überwunden und ‚ertötet' werden.

Zweiter Teil

*„Die wirkliche Liebe beginnt,
wo keine Gegengabe mehr
erwartet wird."
Antoine de Saint-Exupéry*

Von den Fotos in unserer Wohnung und deren Bedeutung
„Wir müssen jeden Tag von Neuem anfangen."
Franz von Assisi

Wenn Sie am Ende eines schönen irdischen Tages in Ihrer Wohnung zu Ihrem inneren Frieden gefunden haben und so in sich selbst ruhen, schauen Sie sich doch einmal in Ihrer Wohnung um. Aber so, als ob Sie hier bisher fremd waren und so alles zum allerersten Mal sehen würden.

Es sind die kleinen und die persönlichen Dinge, die unserer Wohnung ihr ganz bestimmtes Ambiente und ihren ganz bestimmten ‚Flair' geben. Es ist unsere ganz persönliche ‚Handschrift' als ICH, welches diese Wohnung, genau wie unseren irdischen Körper, gestaltet hat und gestaltet.

Vielleicht sind Ihnen bei Ihrem ‚Schauen' auch die vielen Fotos aufgefallen. Fotos, welche schöne gemeinsame Erlebnisse und Momente unseres irdischen Lebens für unsere irdische Erinnerung festgehalten haben. Es sind dies meist solche Stationen unserer Inkarnation, welche für uns eine große emotionale Bedeutung besitzen. Das Foto unserer Hochzeit und vielleicht aller Hochzeitsgäste. Die Geburten unserer Kinder und als Fotos ‚konservierte' Erinnerungen an Stationen ihres bisherigen Lebens als Menschen auf dieser Erde. Ja vielleicht sogar schon Fotos unserer Enkel. Aber auch Fotos unserer Familie und unserer Freunde haben wir hier um uns gestaltet.

Was bedeuten diese Fotos aber auf unseren Weg zu dem vom Universum für uns vorgesehenen Ziel als Menschen? Der Schlüssel dazu scheint in obigem Zitat von Franz von Assisi zu liegen.

Das, was wir hier eben gemeinsam geschaut und beschrieben haben, waren meist **alte** Fotos und Fotos der Stationen, als unser gemeinsames ZUSAMMENLEBEN noch ‚frisch' war.

Wie viele Fotos haben wir dabei, sagen wir einmal aus diesem und dem vergangenen Jahr, so bei unserem ‚Schauen mit anderen Augen' gesehen? Waren **mehr als drei** NEUE Fotos dabei?

Bei vielen Menschen, welche noch in dem ‚Hamsterrad' ihres ‚Alltages strampeln', kommen schleichend einfach keine neuen Fotos oder Bilder mehr dazu. Und dies meist sogar, obwohl wir doch auch weiterhin etwas gemeinsam unternehmen und sicher auch stets und ständig ‚elektronische Fotos' dabei aufnehmen.
Elektronische Fotos, meist mit dem ‚Handy' aufgenommen. Elektronische ‚Handyfotos', welche sehr oft einfach nur aufgenommen werden, um sie vielleicht ‚später' einmal wieder anzusehen. Wie oft war bei Ihnen ganz persönlich betrachtet schon dieses ‚später'?
Falls dies tatsächlich bei Ihnen so der Fall sein sollte, wäre hier wohl noch ein ‚gewisses Entwicklungs-Potential' gegeben.
Kehren Sie doch einfach zu Ihrer Frische und zu Ihrem Elan, welchen Sie gemeinsam mit Ihrem Partner/ Partnerin und Ihrer Familie zu **Beginn** Ihres gemeinsamen Weges hatten, zurück. Dies offenbart sich meist als ein wahres ‚Lebenselixier' und als ein wahrer Kraftquell für unsere Seele obendrein. :-)

Vom ‚Glück' und vom ‚Glücklich-Sein'

„Das Glück deines Lebens hängt von der Beschaffenheit deiner Gedanken ab."   Marc Aurel

Die Frage ‚Was ist Glück' hat bereits die Philosophen des Altertums und die Philosophen fast aller Epochen unserer Entwicklung als Menschen und Menschheit beschäftigt. In der derzeitigen Phase unserer Entwicklung, welche möglicherweise bereits mit der sogenannten ‚industriellen Revolution' zur Jahrhundertwende des letzten Jahrhunderts begonnen hat, wird ‚Glück' von vielen Menschen der sogenannten ‚westlichen Welt' mit dem Besitz irdischer Güter gleichgesetzt. Betrachtet man die ‚Ergebnisse' solcher Umfragen (hier die Umfrage unter jüngeren männlichen Personen) objektiv, rein faktenbasiert UND ZUNÄCHST NUR IN DER **REIHENFOLGE** der Nennung der Begriffe, wird ‚Glück' im Allgemeinen wie folgt ‚definiert': [83]

- genug Geld ‚haben'
- ein schönes Auto... (Haus, Frau... usw.) ‚haben'
- sich ‚etwas leisten können'

Meist erst auf die Nachfrage, was denn mit der Gesundheit oder einem ‚erfüllten' Leben und mit der ‚wahren Liebe' wäre, werden auch solche Begriffe in einer vergleichbaren HÄUFIGKEIT genannt. Dies ist meist auch der Grund dafür, warum man ein völlig **anderes Ergebnis** erhält, wenn man ausschließlich die HÄUFIGKEITSVERTEILUNG der genannten Begriffe auswertet und betrachtet und eben nicht auch die REIHENFOLGE der Nennung selbst. Übrigens: ist Ihnen aufgefallen, dass der Begriff ‚Auto' vor dem Begriff ‚Frau' genannt wurde? Dies ist ‚eigentlich' gar nicht SO überraschend, wie man vielleicht anzunehmen geneigt ist. Die

---

[83] Die Nennung der Begrifflichkeiten erfolgt gemäß der REIHENFOLGE der gegebenen Antworten – NICHT nach der HÄUFIGKEIT, wie dies meist ausgewertet wird.

‚Botschaft', welche im ‚täglichen Lärm' um die Befragtengruppe ‚versteckt' ist, transportiert ja auch die ‚Botschaft, dass: ‚Typen mit einem coolen Auto auch stets von coolen Frauen umschwärmt werden'. Auf die Idee, dass auch hier wieder nur eine geschickt inszenierte Illusion ‚verkauft' werden soll, kommen da wohl die wenigsten unserer Befragtengruppe von selbst.

Wenn man dies wirklich einmal von allen Ressentiments entkleidet betrachten möchte, streben die meisten dieser hier befragten Menschen fast ausschließlich nach irdischen Gütern. Wie wir bereits aus dem zweiten Band der LICHTREIHE von John R. McCollins wissen, ‚hat das letzte Hemd nun einmal keine Taschen'. Und so ist der scheinbare Besitz aller ‚irdischen Güter' auch leider nur eine zeitlich begrenzte Illusion.

„Das letzte Hemd hat keine Taschen." [84]
Deutsches Sprichwort

Diese aus dem ‚sinnlich materiellen' Denken geborene ‚Definition' von Glück meint so meist auch nur etwas ganz anderes. Etwas, was derjenige, welcher sich auf den Weg zu seiner WAHREN Bestimmung aufgemacht hat, niemals mit dem WAHREN Glück im irdischen Leben verwechseln sollte und verwechseln darf. DIESE Begrifflichkeiten definieren eben leider nur den Begriff: ‚Zufriedenheit' und niemals den Begriff ‚Glück'. Selbst derjenige, welcher umgangssprachlich ‚Glück im Lotto' hatte, ist vielleicht kurzfristig ‚zufrieden', das ‚wahre Glück des Menschen' lässt sich so aber leider nicht und schon gar nicht nachhaltig erreichen. Da die erstgenannten Begriffe auch nur aus dem geschickt und öffentlich projizierten Besitzstreben des scheinbar ‚Besitzenden' ausgehen, wird ein Verlangen in den ‚Unglücklichen', die ja ‚noch nicht genug

---

[84] ‚Das letzte Hemd' meint hier das Sterbehemd, also das Hemd, welches unser irdischer Körper trägt, nachdem unser unsterbliches ICH diesen verlassen hat und der Tod anstelle unseres unsterblichen ICH in diesen eingetreten ist und unser irdischer Körper somit dahin zurückkehrt, woher er genommen wurde.

Geld haben', noch ‚kein schönes Auto (Haus, Frau usw.) haben', welche ‚sich noch nicht etwas leisten können' erzeugt. Dies führt meist dazu, dass ein Großteil der Energie, welche diesen Menschen vom Universum für diese Inkarnation zur Verfügung gestellt wurde, mit der mehr oder weniger erfolgreichen ‚Stillung' dieses (von außen erzeugten) Verlangens vertan wird. Und so beginnen diese Menschen damit, irgendwelchen ‚Idolen' oder ‚Vorbildern' zu folgen und alles zu tun, um ebenfalls diesen ‚Status' zu erreichen und verlieren so Ihr WAHRES Ziel für diese Inkarnation aus den Augen.

„Ein glücklicher Mensch folgt niemandem. Nur die Unglücklichen, Verwirrten, folgen eifrig anderen, in der Hoffnung, bei ihnen Zuflucht zu finden. Und sie werden Zuflucht finden, aber diese Zuflucht ist ihre Finsternis, ihr Untergang."   *Krishnamurti* [85]

Und dabei ist der Weg zum Glück und zum Glücklich-Sein (wieder einmal) ‚für alle sichtbar und doch verborgen'. Es ist ein offenes Geheimnis, dass jeder ganz einfach erkennen kann, wenn er nur unvoreingenommen, offen und vorbehaltlos danach sucht. Es ist die einfach erscheinende Antwort auf die Frage, welche in folgendem Zitat von Victor Hugo gestellt wird:

„Sind wir glücklich, weil wir gut sind, oder sind wir gut, weil wir glücklich sind?"
Victor Hugo

Die Antwort, IHRE Antwort hierauf, ist der Schlüssel zu IHREM GLÜCK in IHREM Leben oder eben auch nur der Schlüssel zur ‚Zufriedenheit'.

---

[85] Quelle: Krishnamurti: Freiheit und wahres Glück, Heyne, München, 2007, S. 95, aus: Ceylon, 1949-1950, S. 68, ISBN: 3453700627

Vom ‚Begriff', von der ‚Symbolik' und von der ‚Allegorie'

Im dritten Band der LICHTREIHE von John R. McCollins hatten wir uns im Kapitel ‚Die Sonne als ‚Sinnbild des Guten in unserer Welt' mit dem Begriff der ‚**SYMBOLIK**' bereits kurz beschäftigt. Dort war uns die Sonne als Sinnbild, **als Symbol**, oder eben auch als **ERSCHEINUNG DES GUTEN** in dieser Welt' [86] begegnet, ohne dass wir jedoch bereits an dieser Stelle auf den Begriff der ‚**SYMBOLIK**' selbst weiterführend eingegangen waren. Dieses wollen wir jetzt und an dieser Stelle nachholen. Auch werden wir die Bedeutung des Wortes ‚**BEGRIFF**' an sich und den Begriff der ‚**ALLEGORIE**', welcher klar von der ‚**Symbolik**' getrennt werden muss, mit betrachten.

Da wir umgangssprachlich vom **Begriff** der Symbolik und vom **Begriff** der Allegorie sprechen, erscheint es zunächst angebracht, absolute Klarheit über die Bedeutung des Wortes ‚**Begriff**' selbst und über den grundlegenden Vorgang der allgemeinen Bildung eines ‚**SYMBOLS**' zu erlangen.

Auch, wenn sich Ihnen der Sinn dieser nachfolgenden Betrachtungen vielleicht nicht sofort erschließen sollte, werden uns diese dabei helfen, die Vorgänge, welche für die Erklärung der Begriffe ‚Symbolik' und ‚Allegorie' im Bereich einer höheren Ordnung erforderlich sind, dann leichter zu verstehen. Wenn wir materielle oder, wenn man so will: ‚grobstoffliche Erscheinungen' in dieser Welt der uns umgebenden ‚sinnlich-materiellen' Erscheinungen [87] beschreiben wollen, ist der Ausgangspunkt dafür stets das (manchmal auch nur scheinbare) ‚Vorhandensein' dieser Erscheinung selbst. Eine ‚grobstoffliche Erscheinung' wird dabei in dieser Welt der Maya genau dann vom Betrachter ‚als vorhanden'

---

[86] Siehe: Dritter Band der LICHTREIHE von John R. McCollins – ‚Der Weg in das GÖTTLICHE LICHT', Kapitel: ‚Die Sonne als ‚Sinnbild des Guten in unserer Welt', ISBN Printausgabe: 978-3-759233-99-8 – ISBN E-Book: 978-3-759235-48-0
[87] Welt der ‚Maya'

wahrgenommen, wenn ihm dieses von seinen irdischen Sinnen so ‚signalisiert' wurde. [88]

Wie wir bereits wissen, können unsere **irdischen** Sinne, im Gegensatz zu unseren GÖTTLICHEN SINNEN in uns, dabei jedoch recht einfach getäuscht werden. So zum Beispiel in einer ‚Zaubershow', in der allerlei ‚unerklärliche Dinge' geschehen, welche schlussendlich aber nichts weiter, als geschickte Illusionen sind. Die irdischen Sinne werden hier mit Vorsatz getäuscht, um die Vorstellung dieser Illusionen in den ‚Köpfen der Zuschauer' entstehen zu lassen. Da wir aber hierbei vorher ganz genau wissen, dass es sich nur um Illusionen handeln **kann**, ist daran auch nichts Verwerfliches auszumachen. Anders liegt der Fall jedoch immer genau dann, wenn der Zuschauer nicht über die nachfolgende Täuschung seiner Sinne aufgeklärt wurde. Dies wäre dann nichts weiter als eine, uns schon aus dem Kapitel: ‚Von Manipulation und vom manipuliert werden' des ersten Bandes der LICHTREIHE, **bekannte Manipulation**; welche hier jedoch bereits wieder **in eine noch feinere Erscheinungsform ‚gekleidet'** wurde.

Lassen Sie uns das soeben Erreichte kurz wir folgt zusammenfassen:
- ein in dieser ‚sinnlich-materiellen' Welt mit den irdischen Sinnen erkennbarer Gegenstand wird von demjenigen als ‚vorhanden' bezeichnet
- es gibt somit ein Erkanntes (Objekt, das erkannt wurde) und ein Erkennendes (der Betrachter selbst).

Wurde ein Objekt der uns umgebenden ‚sinnlich-materiellen' Welt als ‚vorhanden' erkannt, stellt sich uns als nächstes die Frage, um was es sich dabei handeln könnte. Es wird somit versucht, ein uns bereits bekanntes **‚Bild'**, welches diesem Gegenstand entspricht, zuzuordnen. Ist dieses ‚Bild' bereits in uns vorhanden, es ist uns also schon einmal vorher so begegnet, wird dieses ‚Bild' mit dem

---

[88] Es sind dies zunächst einmal die erforderlichen Vorgänge, mit denen wir uns bereits im ZWEITEN BAND der LICHTREIHE ‚Der Weg zu den goldenen Toren' im Kapitel: ‚Über den Vorgang des Erkennens' beschäftigt haben.

äußeren Objekt gleichgesetzt. Da mit den uns bekannten ‚Bildern' stets auch bereits ‚Begriffe' verbunden sind, kommt es somit zu einer Zuordnung der Elemente:
- äußerer Gegenstand
- uns bekanntes ‚Bild' und
- uns bereits dafür bekannter Begriff.

Der Vorgang des ‚Erkennens' wurde somit **positiv** abgeschlossen. Alle diese drei Elemente werden dabei gleichgesetzt und bilden für denjenigen somit eine (scheinbare) Einheit.

Die Einheit von (AB-)BILD und BEGRIFF wird dabei üblicherweise als SYMBOL bezeichnet.

Dies klingt vielleicht zunächst einmal etwas kompliziert und soll daher an einem leicht nachzuvollziehenden Beispiel verdeutlicht werden: Nehmen wir einmal an, dass sie Ihrem noch kleinen Kind einen Ball mitgebracht haben. Dieses hat diesen Gegenstand noch nie gesehen, weiß daher damit (zunächst) nichts anzufangen und kennt bisher auch keinen Begriff dafür. Sein **‚Erkenntnisfeld'** für diesen Gegenstand (Ball) **ist somit nicht vorhanden oder zumindest absolut leer** oder, wenn man so will: der Begriff ‚Ball' der Welt der ‚Maya' ist **noch ‚unbesetzt'**. Es ergibt sich somit folgendes Bild:

Erkenntnisfeld:	**nicht vorhanden**
Äußerer Gegenstand:	unbekannt
dem Kind bekanntes Bild:	unbesetzt
dem Kind bekannter Begriff:	unbesetzt

Zusammen mit ihm und seinem bereits älteren Geschwisterkind beginnen wir nun mit dem Ball zu spielen. Dabei wird im Kind ein NEUES ERKENNTNISFELD ‚erschaffen'. Das innere Modell des Kindes ändert sich somit wie folgt:

Erkenntnisfeld: **neu angelegt**

Äußerer Gegenstand:
dem Kind bekanntes Bild: unbesetzt
dem Kind bekannter Begriff: unbesetzt

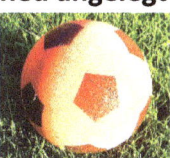

Beim gemeinsamen Spiel mit dem Ball nennen wir den Begriff ‚Ball' mehrfach im Spiel. So zum Beispiel: ‚Wirf den BALL wieder zurück zu mir' und dergleichen mehr. Durch dieses spielerische ‚Lernen' wurde der ‚Ball' zunächst gezeigt und somit ein inneres ‚Bild' davon erzeugt) und beim Spielen selbst der Zweck erkannt. Gleichzeitig wird der in der DEUTSCHEN Sprache [89] dem Objekt ‚runder Gegenstand aus Gummi, luftgefüllt, zum Spielen geeignet' entsprechende Begriff ‚Ball' wiederholt zugeordnet. Das Erkenntnisfeld ist somit vollständig:

Erkenntnisfeld: **vorhanden und evaluiert** [90]

Äußerer Gegenstand:

dem Kind bekanntes Bild:
dem Kind bekannter Begriff: Ball

---

[89] Auf den Sinn, warum hier der Begriff ‚in der DEUTSCHEN Sprache' besonders hervorgehoben wurde, kommen wir etwas weiter unten in diesem Kapitel nochmals zurück.
[90] Der Begriff ‚evaluiert' wird hier im Sinne des Wortes ‚confirmed' verwendet und bedeutet somit in etwa so viel, wie: ‚überprüft und bestätigt'.

Um eine eindeutige und dauerhafte Zuordnung dieses Gegenstandes ‚runder Gegenstand aus Gummi, luftgefüllt, zum Spielen geeignet' mit dem Begriff ‚Ball' der DEUTSCHEN Sprache zu erreichen, muss dieser Vorgang in der Regel mindestens drei Mal wiederholt werden.[91]

Von enormer Wichtigkeit für eine gesunde Entwicklung der **positiven** Lern- und Zuordnungsprozesse in Kindern ist dabei, dass das Kind während der Phase des ‚Memorierens'[92], also genau dann, wenn diese Prozesse in dem Kind ablaufen, absolut ungestört bleiben sollte. Immer, wenn Sie Ihrem Kind etwas für das Kind VÖLLIG NEUES erklärt haben, benötigt das Kind danach eine

---

[91] Die dreimalige Wiederholung ist bei einer emotional nicht aktivierten ‚Zielperson' und bei einer durchschnittlicher Aufmerksamkeit dieser Person zur Einordnung in die Rubrik: ‚Dies ist eine WAHRE Aussage' mindestens erforderlich. Auch unwahre oder manipulative Aussagen können so (objektiv betrachtet falsch) in die Rubrik ‚Dies ist eine WAHRE Aussage' ‚eingeschmuggelt' werden. Diese können somit das IRDISCHE Denken, Handeln und Fühlen dieser Person tiefgreifend und nachhaltig verändern. Eine vorhergehende oder begleitende emotionale Aktivierung der Person erhöht die ‚Zielquote' dieses ‚Lernprozesses'. Im Positiven, wie im Negativen.
Eine ‚emotionale Aktivierung' einer Person kann dabei zum Beispiel durch eine der eigentlichen ‚Botschaft' unmittelbar vorangehende emotional berührende ‚Sequenz' erfolgen. Der Zuschauer wird hiermit in eine positive oder auch in eine negative ‚Grund-Stimmung' versetzt.
Im Positiven bedeutet dies zum Beispiel, dass Schulkinder, welchen die Lerninhalte vom Lehrenden mit dessen vollständigen emotionalen Einsatz vermittelt bekommen, diese Lerninhalte besser verstehen und auch ‚leichter behalten' werden. Wie man so sagt, ‚ist der Lehrende mit ‚Herzblut' bei der Sache'. :-)
Beispiele aus dem negativen Feld gibt es leider zum Beispiel im Bereich der negativen Werbung zur Genüge.
Im Bereich des HÖHEREN wird eine solche falsche Botschaft jedoch immer als das erkannt, was sie tatsächlich auch ist. Die versuchte Manipulation wird hier IMMER und EINDEUTIG als Manipulationsversuch erkannt.
[92] Der Begriff ‚Memorieren' bedeutet hier so viel, wie ‚nachhaltiges Abspeichern' dieser drei zueinander in Verbindung gesetzten Elemente: Gegenstand --> Bild --> Begriff.

bestimmte ‚Zeitspanne' dafür, dass soeben neu Erlernte in das dazugehörige ‚Erkenntnisfeld' einzuordnen. Wenn dieses ‚Erkenntnisfeld' vorher absolut leer war, und je nach Umfang des Erlernten, kann dieser Vorgang bis zu mehrere Minuten benötigen. Ganz besorgte und überaktive Eltern oder Elternteile sehen hier, dass ihr Kind anscheinend ‚nichts macht' und nur (meist scheinbar ‚leer') ‚vor sich hin blickt' oder ‚vor sich hinstarrt'. Sie beginnen dann meist sofort damit, die Aufmerksamkeit des Kindes auf etwas anderes zu lenken, sprechen es an oder, besonders fatal, schnipsen im Blickfeld des Kindes mit dem Finger, um dessen ‚Aufmerksamkeit zu erregen. Dieses Kind wird so nie ‚erlernen, richtig zu lernen' und in seinem weiteren Leben, spätestens jedoch in der Schule, mit dem Lernen nicht oder nur schwer zurechtkommen. Dieses Kind hat ja nie das ‚Lernen richtig gelernt'.

Möglicherweise hat das Verhaltens hyperaktiver Kinder oder von Kindern mit Aufmerksamkeitsstörungen (wenn keine anderen und offensichtlichen weiteren Indizierungen hierfür vorliegen) hierin mit eine Ursache.

Interessant wird es jedoch immer dann, wenn **kein** Ball als ‚äußerer Gegenstand' vorhanden oder sichtbar ist. Zum Beispiel dann, wenn das Kind erst den Ball aus seinem Zimmer holen soll, damit wir zusammen damit spielen können. Hier läuft der tatsächlich bemerkenswerte Vorgang ab. Das **‚Erkennen-Revers'** (umgekehrtes Erkennen). Das Kind hat nichts weiter, als den von uns genannten (zunächst einmal abstrakten) **Begriff**: ‚Ball', wenn es in sein Zimmer geht. In seinem inneren Modell wird jetzt das damit verknüpfte ‚Bild' eines Balles präsent:

Inneres Bild + Begriff: Ball = Symbol: Ball

Somit wird **bereits an dieser Stelle in dem Kind das SYMBOL für ‚BALL'**, wenn man so will, **aktiviert**. Mit dieser ‚inneren Vorlage' sucht es jetzt nach äußeren Gegenständen, die diesem SYMBOL (Einheit aus Begriff und innerem Bild) entsprechen. Wohlgemerkt: der tatsächliche Ausgangspunkt war hier der **abstrakte BEGRIFF** und es entstand daraus durch Verknüpfung mit den inneren Bild das **SYMBOL** für ‚Ball'.

Deutlicher werden diese Vorgänge noch, wenn wir Kinder aus verschiedenen Sprachgebieten mit derselben Aufgabe beauftragen, eben einen Ball aus einem Zimmer zu holen. So zum Beispiel im Französischen, Russischen, Italienischen, Spanischen oder Polnischen. Obwohl der in der jeweiligen Sprache zugeordnete **Begriff** stets ein anderer ist [93], bleibt das ‚innere **Bild**' [94] von einem ‚Ball' in jedem dieser Kinder **IMMER VÖLLIG IDENTISCH**, egal welcher Sprache der **Begriff** dafür entlehnt wurde. Die Bezeichnung für das aus ‚innerem Bild' und ‚Begriff' gebildete muttersprachliche SYMBOL variiert somit hierbei ebenfalls, abhängig vom Sprachraum, in dem es gebildet wurde. **JEDOCH: Das ‚innere Bild', welches ja auf Aufforderung auch von dem jeweiligen Kind gemalt werden kann, bleibt dabei IMMER VÖLLIG UNVERÄNDERT und somit IDENTISCH.**

Diese besondere Art des Erkennens ist jedoch nicht nur durch die äußere Vorgabe des Elementes ‚Begriff' möglich, sondern kann auch durch das Element ‚Bild' von außen ‚angestoßen' werden.

---

[93] Die Begriffe für Ball sind:
- Im Französischen: ‚Balle'
- Im Russischen: ‚Мяч' (Sprich: ‚Mjatsch')
- Im Italienischen: ‚Palla'
- Im Spanischen: ‚Pelota' und
- Im Polnischen: ‚Piłke'.

[94] NICHT etwa Piktogramm, da dieses künstlich erzeugt wurde und somit dem Bereich der ‚Allegorie' zugeordnet werden sollte.

Wenn Sie etwa gleich alten Kindern (in unserem Beispiel war dies ein etwa fünfjähriges Kind) aus unterschiedlichen Sprachkreisen die Aufgabe stellen, einen Ball zu malen, werden Sie hierbei (fast) identische Ergebnisse erhalten. In etwa so, wie in dem nachfolgenden Bild:

Dieses von dem Kind gemalte ‚Bild' ist somit das (zweidimensionale und meist auch international gültige) **(Ab-)BILD** für einen (dreidimensionalen) Ball mit all seinen zugehörigen Eigenschaften. Eben ein ‚runder Gegenstand aus Gummi, luftgefüllt, zum Spielen geeignet'. Das entsprechende **SYMBOL** wird in den jeweilgen Erkenntnisfeldern dieser Kinder aber mit **unterschiedlichen aus der jeweiligen Muttersprache entlehnten Begriffen** gebildet. Das so entstandene **SYMBOL** wird jedoch immer dem äußeren Gegenstand, ‚Ball' gleichgesetzt. **Wohlgemerkt: das Symbol steht dabei nur STELLVERTRETEND für den Ball selbst. Mit dem Symbol kann man zum Beispiel nicht spielen, noch besitzt es ALLE erforderlichen Eigenschaften, um tatsächlich bereits selbst ein Ball zu sein.**
Dies gilt so für alle von uns gebildeten Symbole materieller, also ‚grobstofflicher Gegenstände' aber eben auch für die von Menschen gebildeten Symbole der Erscheinungen einer höheren Ordnung (wie

zum Beispiel die Sonne). Darauf werden wir weiter unten in diesem Kapitel noch einmal zurückkommen. Geben wir einem solchen Kind jeweils in seiner Muttersprache den Auftrag einen ‚Balle', ‚Мяч', ‚Palla', ‚Pelota', ‚Piłke' oder eben auch einen ‚Ball' zu malen, werden sie in einer vergleichbaren Alters- und Entwicklungsstufe stets ein Bild bekommen, welches in etwa dem unseres Fünfjährigen entspricht. Wir sagen dem Kind: ‚Male mir bitte einen Ball' und bekommen das Bild (gemäß der Einheit aus Bild und Begriff) dafür gemalt. Gehen wir mit diesem BILD zu einem anderen Kind in diesem Alter und fragen in der jeweiligen Muttersprache des Kindes: ‚Was ist das', bekommen wir die Antwort ‚Das ist ein Ball'.[95] Wir werten daraufhin obige Aussage als richtig, zum Beispiel in der Form: ‚Ja, das hast Du gut gemacht, das ist ein Ball'. Aber, auf den Punkt gebracht, IST DIES **KEIN** BALL, auch keine Fotografie ja nicht einmal ein fotorealistisches Abbild eines Balles. Es ist **nur** EIN [96] Symbol für einen Ball. Dieses Symbol besitzt nicht einmal alle Eigenschaften eines Balles; man kann zum Beispiel nicht damit spielen. Trotzdem sind alle ‚Beteiligten' felsenfest der Meinung, dass dies ein Ball wäre. Symbol und realer Gegenstand sind so fest in unserer, bisher in der Welt der Maya behafteten, Vorstellung miteinander verbunden, dass diese absolut gleichgesetzt werden.

In der etwas weiter zurückliegenden Vergangenheit, so zum Beispiel im sogenannten ‚Mittelalter', wurde diese Erkenntnis, dass ‚Symbol' und realer Gegenstand üblicherweise gleichgesetzt werden, aus unserer heutigen Sicht heraus, bereits manipulativ und destruktiv angewendet. So wurden, wie wir dies heute üblicherweise

---

[95] Die Erkenntnisfolge ist somit: BEGRIFF --> SYMBOL --> BILD / BILD --> SYMBOL --> BEGRIFF. Übrigens: stellt man sogenannten ‚autistischen Kindern' diese Aufgabe, erhält man sehr oft ein Abbild des Balles, welches fast einer fotorealistischen Darstellung entspricht.
[96] ‚EIN Symbol' daher, weil die BEZEICHNUNG dieses Symbols je nach Muttersprache immer ein anderes sein kann.

bezeichnen würden, damals ‚fortschrittlich denkende Menschen' als sogenannte ‚Ketzer' bezeichnet und verfolgt. Oftmals wurden diese Menschen von der ‚Inquisition' dabei brutal gefoltert, so ‚Geständnisse' erpresst oder ‚Geständnisse' sogar, aus unserer heutigen Sicht heraus, gefälscht und Derjenige oder Diejenige auf dem ‚Scheiterhaufen' verbrannt. Ein heute auch noch üblicherweise bekanntes Beispiel hierfür ist Giordano Bruno. Der Mönch Giordano Bruno wurde so genau im Jahre 1600 für die Aussage, dass die Sonne im Zentrum des Weltalls stehen würde (heliozentrisches Weltbild) auf dem Scheiterhaufen verbrannt. Eine Erkenntnis, welche heute so jedem Schulkind geläufig ist.

„Die Wahrheit von gestern ist tot, die von morgen erst zu gebären."   *Antoine de Saint-Exupéry*

Um leichter zu verstehen, wie so etwas möglich war, wollen wir die Abläufe, die hinter dieser fast unglaublichen Manipulationstechnik stehen, genauer betrachten. Für alle uns als Menschen von unseren Vorfahren überlieferten Begriffe und alle Begriffe des täglichen Gebrauches existieren, wie in unserem obigen Beispiel vom ‚Ball', immer auch entsprechende ‚Bilder' in uns dazu. So zum Beispiel für eine Tür, ein Ei, ein Fenster, ein Brot, einen Nagel und so weiter. Wie Sie leicht selbst feststellen können, erscheint in Ihrer inneren Vorstellung immer das mit dem Begriff verknüpfte ‚Bild'. Wenn wir ‚Ei' denken, sehen wir auch das Bild ‚Ei' vor unserem ‚geistige Auge'. Ebenso bei ‚Nagel', ‚Brot', ‚Fenster', ‚Tür' und so weiter. Dies sind somit NATÜRLICHE Symbole (Einheit von Begriff und Bild), welche der uns umgebenden Welt der ‚Maya' entlehnt wurden. Diese ERKENNTNISFELDER sind von ‚klein auf' besetzt und können somit (kaum) von außen im Sinne einer gewünschten Manipulation verändert werden.

Um im Sinne einer manipulativen Beeinflussung der ‚Zielperson(en)' im negativen Sinne ‚erfolgreich' zu sein, muss man dort ein NEUES und DABEI VÖLLIG LEERES ERKENNTNISFELD ERZEUGEN. Dies ist, objektiv betrachtet, zwingend erforderlich, da zuerst einmal ein unnatürliches, künstliches und vor allem LEERES Erkenntnisfeld dafür in den Menschen erzeugt werden muss, damit diese Manipulation aus Sicht des Manipulierenden überhaupt Aussicht auf ‚Erfolg' haben kann.

Es wird somit ein (bisher) völlig unbekannter und somit künstlicher BEGRIFF ‚Erschaffen'. Anschließend wird dieser ‚Pseudo-Begriff' so oft, wie nur irgend möglich, öffentlich wiederholt und dabei so getan, als ob es diesen ‚Begriff' schon immer gegeben habe und alle ganz genau wüssten, was er bedeutet. So zum Beispiel der Begriff ‚Ketzer'. Dieser Begriff wurde bei der STÄNDIGEN öffentlich erfolgten WIEDERHOLUNG im negativen Sinne, also als vorgeblich ‚Böse', bezeichnet. Dies erfolgte zum Beispiel dadurch, indem den Menschen GLEICHZEITIG oder zumindest von anderer Stelle ‚zeitnah' erklärt wurde, dass so ein Mensch (Ketzer) stets ‚Böse' sei. Der bisher immer noch BIDLOSE Begriff wurde somit als BÖSE ‚gebrandmarkt'. Da wir als Menschen (aus unserer bisherigen Evolution heraus) stets im Lernen und so in der Anpassung an eine sich stets und ständig verändernde Umwelt begriffen sind, wird so, man kann schon fast sagen: ‚automatisch', ein NEUES UND VÖLLIG LEERES ERKENNTNISFELD bereitgestellt. Dieses wird jetzt mit dem künstlich und ausschließlich zum Zwecke der Manipulation neu ‚erschaffenen' und ausschließlich dazu ERDACHTEN ‚**Pseudo-Begriff Ketzer'** besetzt. Wie Sie leicht selbst feststellen können, indem Sie den Begriff ‚Ketzer' denken, ist damit KEIN NATÜRLICHES inneres Bild verbunden. Dies ist vom Manipulierenden auch niemals so beabsichtigt. Der Begriff ‚Ketzer' hat kein natürliches Bild. Um das Wort ‚Ketzer' mit ‚Leben zu erfüllen', muss man es verbal erklären. Zum Beispiel in der Form: ‚das ist Derjenige, der dies oder das leugnet'. Und das ist die Stelle, an der ALLE MENSCHEN diese Manipulation sicher erkennen können, wenn nur der wahrhaftige Wille dazu vorhanden ist. Denn: ‚es ist auch durch diese verbale

‚Erklärung' **KEIN NATÜRLICHES BILD ERZEUGT WORDEN**. Es könnten ‚willkürlich' beliebig viele und ganz verschiedene ‚Bilder' zugeordnet werden. Diese **Willkür** verweist jedoch eindeutig auf den Bereich der **Allegorie**. [97] Erst durch die manipulative Besetzung dieses Begriffes, also wenn der **willkürliche** Gedanke (‚Ketzer' = ‚Böse') hinzutritt, [98] werden in diesen STETS BILDLOSEN Pseudo-Begriff konditionierte [99] Vorstellungen hineininterpretiert. [100] Wie wir bereits wissen, können unsere IRDISCHEN Sinne und somit unser IRDISCHES Denken. Fühlen und Handeln relativ einfach manipuliert werden. Unsere bereits geöffneten GÖTTLICHEN SINNE erkennen dieses jedoch IMMER als das, was es tatsächlich ist. Eine Manipulation, welche jedoch schon in eine sehr verfeinerte Erscheinungsform gekleidet ‚daher kommt'. Zusammenfassend kann man somit feststellen, dass man ‚Pseudo-Begriffe', welche in irgendeiner Form manipulativ (meinungsbildend) wirken sollen, STETS daran erkennt, dass man in dem Moment, da man diesen

---

[97] Auf den Begriff der ‚Allegorie' werden wir weiter unten in diesem Kapitel noch zu sprechen kommen und uns damit weiterführend beschäftigen.
[98] Jiddu Krishnamurti spricht hier vom ‚konditionierten Denken'. Quelle: Krishnamurti: Freiheit und wahres Glück, Heyne, München, 2007, S. 52, 1956, S. 101, ISBN: 3453700627
[99] „Es gibt keine Gedankenfreiheit, denn jedes Denken ist konditioniert." - Krishnamurti, Quelle: Krishnamurti: Freiheit und wahres Glück, Heyne, München, 2007, S. 52, 1956, S. 101, ISBN: 3453700627
[100] Absolut ‚genial' im negativen Sinne war hier bei unserem Beispiel aus dem Mittelalter, dass derjenige ja nur ‚Böse' sein soll, weil er ‚dies oder das' LEUGNET. Der Begriff ‚Leugnen' ist aber IMMER SUBJEKTIV. Der tatsächliche Wahrheitsgehalt ist somit ‚variabel'. ;-) Es wird NCHT damit gesagt, dass ‚dies oder das' auch die objektive Wahrheit ist. Nun ist aber jemand, der eine Lüge ‚leugnet' doch wohl eigentlich der Wahrheit verpflichtet? So eben, wie in unserem Beispiel: Giordano Bruno? Die von ihm ‚geleugnete Lüge' ist heute als WAHRHEIT Allgemeingut und so sogar bereits jedem Schulkind geläufig.

‚Begriff' das erste Mal HÖRT, [101] **kein** INNERES Bild dazu besitzt. Auch weisen diese ‚Pseudo-Begriffe' meist auch noch die Eigenschaft auf, dass sie, da sie nun einmal **kein** ‚inneres Bild' in uns ‚wachrufen' [102], beliebigen Personen, wenn man so will, einfach ‚übergestülpt' werden können. Und dies ist auch die wahre Absicht des so Manipulierenden. Da der ‚Pseudo-Begriff' sozusagen ‚in den Köpfen der damaligen Bevölkerung als ‚Böse' eingebrannt' war, genügte es, einfach nur zu behaupten, dass ‚Der oder Der oder Die' Ketzer seien – also waren alle diese Personen ‚per se' ‚Böse'. Die Idee, welche dahinter zu stehen scheint, ist möglicherweise die, dass sich der so ‚Beschuldigte', zumindest aus der Auffassung der manipulativ Wirkenden heraus, wohl schwerlich gegen einen ‚bildlosen Vorwurf' wehren könne.

Das muss nicht so sein. Im selben Moment, wo der so ‚Beschuldigte' diesen Begriff öffentlich beim ‚Beschuldiger' **nachhaltig** HINTERFRAGT, löst sich diese gesamte ‚Technik' so zusagen in ‚Luft auf'.

Nach diesem ‚kleinen geschichtlichen Gedankenausflug' wollen wir uns jetzt jedoch wieder unserem Beispiel vom ‚Ball' zuwenden, denn so, wie in unserem vereinfachten Beispiel vom ‚Ball', verhält es sich auch im ‚feinstofflichen Bereich' mit den Erscheinungen der höheren Welt. Die Sonne als SYMBOL des Guten in dieser Welt ist so auch nur **eine** ERSCHEINUNG der URSACHEN DES GUTEN, welche aus einer höheren Ordnung heraus wirken.

Die Sonne ist somit **nicht** das URGUTE **selbst** und auch **nicht** die ALLESUMSPANNENDE LIEBE DES EINEN **selbst**, sondern **eine**

---

[101] Auch wenn mit der Erstnennung dieses ‚Pseudo-Begriffes' ‚zeitgleich' ein ‚Pseudo-Bild' präsentiert wird, können wir diese Manipulation trotzdem im Bereich der HÖHEREN SINNE sicher als Manipulation erkennen.
[102] Übrigens ist auch schon der von uns in dieser bisherigen Welt der ‚Maya' so einfach gebrauchte Begriff: ‚wachrufen' an sich bemerkenswert. Wenn man jemanden ‚wachruft', dann ‚erweckt' man ihn ja auch bereits schon im umgangssprachlichen Gebrauch aus einem ‚Traum' oder ‚Tagtraum' damit. :-)

Erscheinung [103] der reinen Liebe des EINEN selbst in dieser Welt der ‚Maya'. Eine Erscheinung des URGUTEN selbst und somit EIN Symbol dafür. Weltweilt.

Nach diesen erforderlichen Vorbetrachtungen wollen wir uns jetzt der Bedeutung der **‚Symbolik'** und der Bedeutung der **‚Allegorie'** im nichtmateriellen, also im ‚feinstofflichen Bereich', selbst zuwenden. Die (scheinbare) ‚Schwierigkeit' im ‚feinstofflichen Bereich' besteht zunächst einmal darin, dass es sich hierbei um Erscheinungen einer höheren Ordnung im Bereich der uns umgebenden (Teil-)Welt handelt (Welt der ‚Maya'). Die URSACHEN dieser Erscheinungen liegen somit außerhalb des mit unseren **irdischen** Sinnen Erfassbarem. Aus unseren obigen Vorbetrachtungen heraus wissen wir bereits, dass diese URSACHEN somit IN DIESER WELT DER MAYA NICHT ERKANNT WERDEN KÖNNEN. Sie erscheinen dem Betrachter, welcher ausschließlich in der Welt der ‚Maya' ‚verhaftet' ist, somit als ‚nicht vorhanden'. Allerdings ist es dem bereits bis zu einem gewissen Grad entwickelten SUCHENDEN durchaus schon möglich, sich (zum Beispiel im Geiste) dorthin zu ‚bewegen', wo er diese Ursachen ‚erschauen' kann. Er ist somit bereits in die Lage versetzt, sich über diese Schranken der ‚sinnlich-materielle' Scheinwelt (zumindest zum Teil) zu erheben.
So wie in unserem Beispiel vom Ball: das Kind **sieht** keinen Ball und geht somit dorthin, wo es (in seiner inneren Vorstellung) einen Ball vermutet, eben in sein Zimmer.
In wie weit dem Suchenden diese Art des ‚Inneren Suchens' oder des ‚Inneren Erschauens' bereits ermöglicht ist, hängt dabei, genau wie bei unserem Kind, von seinem Entwicklungsstand auf dem Weg zum GÖTTLICHEN LICHT und von seinem **Willen wahrlich erkennen**

---

[103] Die wahrscheinlich derzeit höchste Erscheinung des URGUTEN selbst und die wahrscheinlich derzeit höchste Erscheinung der reinen Liebe des EINEN selbst in dieser Welt der ‚Maya'.

zu wollen ab. Mit diesen dabei ablaufenden Vorgängen werden wir uns noch im Kapitel: ‚Vom Traum, vom Denken und vom Geist' dieses Buches weiterführend beschäftigen. Das nachfolgende Zitat von Victor Hugo wird sich dort für uns in seiner **vollen** Bedeutung zu erschließen beginnen.

„Im Denken ist Wille, nicht im Traum."
Victor Hugo

Lassen Sie uns das soeben Erreichte kurz wie folgt zusammenfassen: Die **Symbolbildung** verfolgt stets den Zweck, einen mit unserem derzeitigen Wissens- oder Erkenntnisstand nicht vollständig beschreibbaren Gegenstand oder eine derzeit von uns (noch) nicht vollständig erfassbare und somit (noch) nicht beschreibbare ERSCHEINUNG bzw. URSACHE einer Erscheinung mit einer uns nahe liegenderen Vorstellung zu verbinden. In unserem Beispiel vom Ball war dies das zweidimensionale ‚(Ab-)Bild' eines Kreises mit mehr oder weniger innenliegenden Details, welcher als Symbol für den ‚Ball' gewählt wurde. „In dieser Weise wird im Symbol immer der Gegenstand, der erkannt werden soll, und der deshalb seinem Wesen, seiner Entstehung und seinem Zweck nach nicht vollständig durchschaut werden kann, mit einem näher liegenden, unmittelbar fassbaren Gegenstande... verbunden." [104]
Die ‚Symbolik' dient somit IMMER dem Zweck des ERKENNENS oder sogar der ERKENNTNIS selbst.

Die **‚Allegorie'**, welche auch als ‚allegorische Darstellung' bezeichnet wird, muss von der Symbolik, bei der sich der Betrachter ehrlich und nach bestem Wissen und Gewissen darum bemüht, dass von ihm nicht vollständig Erkennbare mit einer ihm näher liegenden Vorstellung zu verbinden, klar getrennt werden. „Die Allegorie ist

---

[104] ‚Die Symbolik von Sonne und Tag', Hugo Wislicenus, Zweite Ausgabe, Schabelitz'sche Buchhandlung (Cäs. Schmidt), Zürich, 1867, Seite 15

die willkürliche Einkleidung von Vorstellungen in sinnliche Bilder. Was im Symbol... in der Überzeugung vor sich geht, das geschieht in der Allegorie mit bewusster Willkür, gewaltsam." [105] Auch die ‚willkürlich' erzeugten sogenannten ‚Piktogramme' sollten somit dem Bereich der Allegorie zugeordnet werden, da es sich hierbei im Allgemeinen um **äußere** Bilder für Begriffe handelt. Es kommt somit zu keiner NATÜRLICHEN Begriffsbildung, welches wie wir bereits wissen, für ein TATSÄCHLICHES Symbol (mit einem **inneren** Bild verknüpft) erforderlich wäre.

Beispiele für allegorische Darstellungen sind so die (willkürliche) Darstellung oder Vorstellung des Teufels mit ‚Schweif und Drudenfuß' oder des Narrens mit der ‚Narrenkappe'. Diese allegorische Darstellung des Teufels findet man zum Beispiel auf älteren Gemälden, aber auch aktuell auf Heckklappen von bestimmten Pkw. Meist wird dort auch noch der ‚Dreizack' hinzugefügt. Die Darstellung des ‚Narren' mit ‚Kappe' begegnet uns so jedes Jahr aufs Neue in den sogenannten ‚Hochburgen' des Faschings und den ‚Hochburgen' des Karnevals oder den Hochburgen der Fastnacht.

Während die **Symbolik** IMMER und AUSNAHMSLOS bestrebt ist, so gut wie derzeit möglich, zur **ERKENNTNIS** zu gelangen, verwendet die **Allegorie** Vorstellungen, welche **willkürlich** gewählt wurden und daher ausschließlich **bildhaft** aufgefasste und verstanden werden dürfen. Genau diese Erkenntnis finden wir auch in dem nachfolgenden Zitat von Arthur Schopenhauer.

„Also, wer erwartet, dass in der Welt die Teufel mit Hörnern und die Narren mit Schellen einhergehn, wird stets ihre Beute, oder ihr Spiel sein."
Arthur Schopenhauer

---

[105] ebenda, Seite 16

Die klare Trennung der für unseren weiteren Weg zum GÖTTLCHEN LICHT und zur ALLUMFASSENDEN LIEBE DES EINEN **hilfreichen Symbolik** von der willkürlich erfolgten Allegorie ist somit von enormer Wichtigkeit für uns. Nur so wird es uns auch weiterhin stets gelingen, willkürlich ‚interpretierte' Darstellungen auch klar als solche zu erkennen. Oder, um diese Betrachtungen zumindest für diesen vierten Band der LICHTREIHE von John R. McCollins abzuschließen, mit dem uns bereits bekannten deutschen Sprichwort zu sprechen:

„Die Spreu vom Weizen zu trennen."
Deutsches Sprichwort

Vom ‚Tornado' und vom ‚Auge des Tornados'

Bevor wir uns im letzten Kapitel dieses nunmehr vierten Bandes der LICHTREIHE von John R. McCollins mit dem ‚Traum', dem ‚Denken' und dem ‚Geist' beschäftigen werden, wollen wir den sich uns öffnenden Weg zum GÖTTLICHEN LICHT an Hand eines Gleichnisses noch einmal ganz klar für uns herausarbeiten.

Das Leben der Menschen in vielen Epochen unseres gemeinsamen Entwicklungsweges als Menschen unter Menschen kann man recht gut immer wieder mit einem aufziehenden Sturm, einem Tornado, vergleichen:

Um denjenigen herum erhebt sich langsam ein aufziehender Sturm. Die Anzeichen dafür mehren sich. Ein auf hoher See fahrendes Segelschiff beginnt damit, alle ‚Luken dicht zu machen' und ‚alle Segel, bis auf das Sturmsegel zu reffen'. Die Welt beginnt sich um denjenigen herum immer schneller und schneller zu verändern, genau wie sich ein Sturm und dann ein Tornado erhebt. Oben, genau über demjenigen verbleibt dabei ein kleines Rund des sehnsuchtsvollen blauen Himmels. Da sich der Tornado genau um denjenigen herum zu bilden beginnt, befindet sich derjenige so genau im ‚Auge des Tornados' also genau in der Mitte, und genau dort, wo es absolut windstill ist. Wer so nicht dem wandernden Sturm folgt, kommt in den Wind und dann in den immer stärker werdenden Sturm. Da ihm solchermaßen ‚der Wind in das Gesicht bläst' kehrt derjenige meist sofort wieder ‚verschreckt' oder ‚verstört' zur Mitte und in das ‚Auge des Tornados' zurück. Die höchste Windgeschwindigkeit herrscht dabei an der Außenseite des Tornados. Je weiter er sich dabei von dem Platz mitten im Tornado entfernt, desto größer wird so auch der ‚Widerstand', der sich ihm entgegenstellt. Der im ‚konditionierten' Denken, in der Furcht oder gar in der Angst Befangene wird so bereits bei den ersten Anzeichen eines ‚Gegenwindes' umkehren und sich so willig dahin ‚führen' lassen, wohin es dem Tornado beliebt. In dem Tornado scheinbar gefangen scheint es ihm nicht mehr möglich, durch den ‚Schleier' der sich um ihn herum drehenden Gewalten, seine WAHRE Umwelt zu erkennen. Er hält so die um ihn herumwirbelnde Welt der ‚Maya' für seine Realität. Da ihm so der Bezug zu seiner realen Umwelt komplett verloren gegangen ist, [106] bemerkt er nicht einmal, wie ihn der Sturm genau dahin lenkt, wohin er ihn auch haben will. Derjenige entfernt sich dabei so immer mehr und mehr von SEINEM Platz im Universum, dem Platz, an welchem, wie wir es bisher immer genannt haben, er ‚den Himmel mit der Hand berühren kann'. Nunmehr auf unserem Weg bereits weiter vorangeschritten, kann sich uns die WAHRE Bedeutung dieses Platzes erschließen. Es ist genau DER Platz im Universum, von welchem ein jeder Mensch seinen AUFSTIEG in die höheren und realen Welten, fern von jeglicher Virtualität, beginnen kann.

Aus diesem Tornado heraus scheint es für denjenigen, welcher sich noch nicht WILLENTLICH auf seinen ganz persönlichen Weg zur Liebe und zum Wahren Licht begeben hat, scheinbar keinen Ausweg zu geben. Dabei ist die Lösung dieser Situation einfach. Es ist wieder eines der ‚Geheimnisse, welches für alle sichtbar ist und dennoch verborgen'. Wenn Sie auf Ihrem ganz persönlichen Weg zum GÖTTLICHEN Weg bereits bis hierher vorangeschritten sind, liegt diese Wahrheit für Sie bereits ganz offen und klar, so zusagen ‚auf der Hand'. Wie in unserem Gleichnis vom Tornado ist der **scheinbare** ‚Ausweg' aus dieser Situation demjenigen durch die sich drehenden Luftmassen versperrt. Versucht er dort, so zusagen durchzudringen, wird er einfach von den dort herrschenden Kräften und Mächten ‚zerrieben' und ‚aufgerieben'. Der Boden, auf dem derjenige bisher steht und stand, entspricht dabei in unserem

---

[106] Siehe auch das Beispiel aus dem Kapitel ‚Über die Scheinwelt um uns oder alles ist Maya' des zweiten Bandes der LICHTREIHE (Beispiel des Tachos während der zweimaligen Autofahrt).

Gleichnis der Welt der Maya. Dort wird sich ihm **kein** gangbarer Ausweg eröffnen. Wendet er sich jedoch dem Ort seines sehnsuchtsvollen Strebens, in unserem Beispiel war dies das sich genau über ihm befindliche Rund des (blauen) Himmels, zu wird ihm **sein wahrer Weg** und somit der ‚Ausweg' aus dieser künstlich um ihn errichteten Traumwelt der ‚Maya' offenbart. Die Lösung ist somit für den ERKENNENDEN absolut einfach und offensichtlich, ja fast trivial:

Der Aufstieg desjenigen und (allgemein gesprochen) der Aufstieg der gesamten Menschheit, genau an dem Ort, den das Universum für jeden einzelnen Menschen dabei vorgesehen hat, ist die Lösung der vom Universum übertragenen Aufgabe.

Dies gilt ebenfalls für jedes natürliche und ursprüngliche Wesen dieser Welt, genannt Erde. Durch diesen Aufstieg genau im ‚windstillen Auge des sich um denjenigen herum erhebenden Tornados', können diese Kräfte nicht auf denjenigen wirken. Mehr noch: genau in dem Moment, da sich der Aufgestiegene bereits **ÜBER** diesen Sturm erhoben hat, üben die dort wirkenden Kräfte keinerlei Macht mehr über ihn aus. Er hat somit die ERSTE STUFE der GÖTTLICHEN WAHRHEIT erreicht.

„Gewalt auszuweichen, ist Stärke."
Laotse

Vom ‚Traum', vom ‚Denken' und vom ‚Geist'

Im Kapitel ‚Von den Stufen und von den Formen der Egozentrik' dieses Buches haben wir uns bereits mit einigen Erscheinungsformen des Egoismus beschäftigt. Dabei hatten wir gemeinsam erarbeitet, dass sich diese **jeweils** in DREI UNTERFORMEN unterteilen lassen. In diesem Fall waren dies jeweils drei Erscheinungsformen in der in diesem Menschen oder Wesen jeweils vorherrschenden Stufe der ‚Egozentrik'.

Aber auch im ‚normalen' Entwicklungsprozess eines jeden Menschen oder Wesens finden wir, und hier jenseits aller Erscheinungsformen des Egoismus, wiederum eine solche Dreiteilung. Genauer gesagt handelt es sich hierbei um **drei Elemente des ‚niederen Wesens' des Menschen und drei Elemente des ‚höheren Wesens des Menschen'.** Dies gilt so auch für alle natürlichen und ursprünglichen WESEN dieser Welt.

Das auch hierbei wiederum eine Dreiteilung vorliegt, ist nicht weiter verwunderlich, da ja GOtt den Menschen, wie wir bereits aus dem zweiten Band der LICHTREIHE von John R. McCollins wissen, nach seinem Ebenbild geformt hat:

„Und GOtt schuf den Menschen ihm zum Bilde, zum Bilde GOttes schuf er ihn..."
Die Bibel, Mose 1, 27 [107]

Wie wir bereits weiterhin wissen, ist ‚GOtt' als Weltenschöpfer, der Schöpfer aller dieser Dinge und ursprünglichen Lebewesen, somit auch stets Teil all seiner Schöpfungen selbst. Dabei ist GOtt **dreifach** von Person und **einfach** von Natur:

---

[107] Die Bibel, Altes Testament, nach der Übersetzung von Dr. Martin Luther, Verlag Canstein Halle/Saale, Ausgabe 1890 – Mose 1, 27

„Gott ist dreifach von Person und ist einfach von Natur. Gott ist auch an allen Orten... und an jedem ist Gott zugleich"   *Meister Eckhart*

Und auch bei uns als Menschen, eben ‚als Abbild GOttes', finden wir daher ebenfalls diese **Dreiteilung der Person** als:
- ‚**Seele**' im irdischen Körper inkarniert
- ‚**Geist**' und
- ‚**Unsterbliches ICH-Selbst**'.

Die noch verbleibende Frage, welcher ‚**Natur**' der WAHRE Mensch ist, hat sich uns somit ebenfalls von selbst und als „Dhammo anïtiho", also als die „...Wahrheit, die ihre Bestätigung in sich selbst trägt" hiermit offenbart. [108] Es ist der ganz tief in allen Menschen vorhandene GÖTTLICHE FUNKE, oder wenn man die Begrifflichkeit von ‚Meister Eckhart' hier verwenden will: **DIE GÖTTLICHE NATUR ganz tief in uns selbst** als Menschen und als Menschheit insgesamt betrachtet.

Wie wir in der nachstehenden Grafik sehen können, weist das Wesen des ursprünglichen und derzeit in dieser Welt der Maya inkarnierten Menschen, gemeint ist hiermit der Mensch, welcher zunächst einmal frei von jeglicher Konditionierung ist, dabei eine **doppelte** Dreiteilung auf.

Die Besonderheit dieser ‚doppelten Dreiteilung' besteht darin, dass es eine Dreiteilung des ‚niederen Wesens' und eine Dreiteilung des ‚höheren Wesens' des Menschen gibt. Dabei geht die höchste Form des ‚niederen Wesens', so zusagen ‚gleitend', in die niedrigste Form des ‚höheren Wesens' über. Vereinfacht kann man sich dies in etwa so vorstellen:

---

[108] Georg Grimm, ‚Die Lehre des Buddha'. Verlag Piper und CO., München, 1922, Vorrede

Niederes Wesen des Menschen 1 — 2 — 3

1 — 2 — 3 **Höheres Wesen des Menschen**

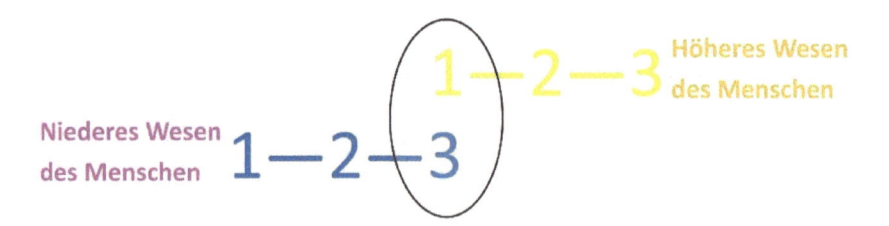

Dieser ‚Übergangszone' zwischen dem niederen und dem höheren Wesen des Menschen kommt dabei eine besondere Bedeutung zu. Es ist der **Übergang** vom IRDISCHEN zum GÖTTLICHEN oder, wenn man so will: **ZUR WAHRHEIT**. Es ist eine Erscheinung der irdischen ‚Jetzt-Zeit' und des irdischen ‚Hier-Raumes', oder einfacher formuliert: an genau dieser ‚Stelle' befindet sich derzeit bereits ein überwiegender Teil der derzeit Inkarnierten. Einfacher formuliert könnte man auch sagen, dass wir uns derzeit als Menschen und ursprünglichen Wesen dieser Welt (wieder einmal) an einem möglichen ‚Kipp-Punkt' unserer Entwicklung befinden. An einem möglichen ‚Kipp-Punkt' als Menschheit und ebenso an einem möglichen ‚Kipp-Punkt' als ursprüngliche Wesen dieser Welt. Doch dieses Mal liegt etwas Neues, etwas GÖTTLICHES, mit auf der diesseitigen Waagschale. Und, um mit Victor Hugo zu sprechen:

„Der Zeiger, der über das Zifferblatt der Uhr vorrückt, rückt auch in den Seelen vor."
Victor Hugo

Die Seelen der Menschen und der ursprünglichen Wesen dieser Welt sind gereift. Und so kann jeder, der einfach nur offen dafür erscheint, „A cry from a far" [109] – den ‚Ruf aus der Ferne' -

---

[109] Mabel Collins, ‚Ein Ruf aus der Ferne', Ulrich-Verlag, Calw, dritte Auflage, 1958, (Die Originalausgabe von Mabel Collins ist unter dem Titel ‚A cry from a far' im Jahre 1904 erschienen)

vernehmen. Dieser Ruf, in Verbindung mit dem GÖTTLICHEN LICHTSTRAHL, welcher uns als Menschen und als Menschheit den Weg zu unserem Ziel weist, wird somit das Signal zum Aufbruch der Menschheit und aller ursprünglichen Wesen dieser Erde zu Ihrer wahren Bestimmung sein.

„Deine gesamte Vergangenheit ist nur eine Geburt des heutigen Tages."
Antoine de Saint-Exupéry

Von uns allen und unserem GEMEINSAMEN WILLEN, DER AUF DAS GUTE GERICHTET IST, wird es abhängen, in welche Richtung dieser mögliche ‚Kipp-Punkt' umschlagen wird. Zurück in Richtung des ‚niederen Wesens' (manchmal wird dieser Bereich auch als ‚Tiermensch' bezeichnet) oder nach oben gerichtet, zum ‚höheren Wesen' hin. Hin zur wahren Bestimmung des Menschen und der Menschheit und hin zur **Wahrheit**, die aus dem Menschen den Menschen macht.[110]

Nachfolgend wollen wir uns jetzt mit den einzelnen Elementen, zunächst des ‚niederen Wesens des Menschen' und daran anschließend, mit den Elementen des ‚höheren Wesens des Menschen' tiefgreifender beschäftigen.
Dabei werden wir vom Niederen zum Höheren voranschreiten. Beginnen wir also mit der ersten und somit niedrigsten Stufe des ‚niederen Wesens des Menschen':

Vom ‚TRAUMZUSTAND'
(Von der ersten Stufe des ‚niederen' Wesens des Menschen)
Der Traumzustand dieses Menschen ist dadurch gekennzeichnet, dass er in seiner Traumwelt, also in einer Welt von ‚verzerrten

---

[110] Siehe Zitat: „Für den Menschen gibt es nur eine Wahrheit, das ist die, die aus ihm einen Menschen macht." - Antoine de Saint-Exupéry

Bildern' lebt. Wie in einem Spiegelkabinett voll von verzerrenden Spiegeln ist sein Abbild dieser Welt der Maya ein einziges Zerr- und Trugbild. Dieser Traum erscheint demjenigen somit als seine ‚Wirklichkeit'. Dieser Mensch ist weder in der Lage zu ‚Schauen', noch in der Lage zu ‚Beobachten'. Daher ist er somit auch absolut unfähig dazu, diesen ‚Traum' als das, was es tatsächlich ist, eben als ‚Traum', zu erkennen. Er ist derjenige, der über einen ‚Flohmarkt' geht und in seiner Traumvorstellung lebt, dass zum Beispiel alle dort angebotenen Schuhe und Sachen alt und ‚ausgelatscht' ;-) wären. Er ist somit sogar unfähig dazu, die Erscheinungen dieser Welt der ‚Maya' selbst zu erkennen. Im Beispiel der ‚Schuhe auf dem Flohmarkt' ist derjenige daher nicht einmal in der Lage, selbst zu prüfen, ob vielleicht ungetragene und somit absolut neuwertige Schuhe mit angeboten werden. Dasselbe Paar Schuhe jedoch, einfach in eine ‚Boutique' gestellt, wird von demjenigen dagegen sofort für ein Vielfaches des auf dem Flohmarkt dafür erforderlichen Preises bedenkenlos gekauft. Selbst, wenn der so in seinem Traum Befangene vom Verkäufer auf dem Flohmarkt auf den ungetragenen Zustand der Schuhe aufmerksam gemacht wird, glaubt derjenige dies nicht. Es kommt so niemals zum Kauf. **Die Konditionierung, welche in dem ‚Träumer' wirksam ist, wirkt so stark, dass er ‚sieht, ohne zu sehen und hört, ohne zu hören'.**

Es ist derjenige, über welchen Christus spricht:
„Denn darum rede ich zu ihnen durch Gleichnisse. Denn mit sehenden Augen sehen sie nicht, und mit hörenden Ohren hören sie nicht; denn sie verstehen es nicht." [111]

---

[111] Die Bibel, Neues Testament, nach der Übersetzung von Dr. Martin Luther, Verlag Canstein Halle/Saale, Ausgabe 1890, Matthäus 13,13

Für alle, welche sich jedoch bereits auf ihren ganz persönlichen und individuellen Weg zur GÖTTLICHEN WAHRHEIT begeben haben, gilt jedoch ebenso:

„Aber selig sind eure Auge, daß sie sehen, und eure Ohren, daß sie hören" [112]

Wenn jemand jedoch ‚hört' und ‚sieht' ohne zu dabei zu verstehen, ist es für denjenigen unerheblich, ob er etwas glaubt oder eben auch etwas nicht glaubt. **In ihm sind ‚Glauben' und ‚Nichtglauben' GLEICHERMASSEN konditioniert, so dass sich an seinem TRAUMZUSTAND dadurch rein gar nichts ändert.** Weist so der Verkäufer an diesem Paar Schuhe eindeutig nach, dass es sich um absolute Neuware handelt, sind somit üblicherweise **drei** Antworten des im Traum Befangenen möglich:
- ‚das glaube ich nicht'
- ‚ja ich sehe es, aber ich glaube es trotzdem nicht'
- ‚ich höre und sehe es zwar, aber auf dem Flohmarkt sind sowieso alle Sachen alt und ‚ausgelatscht'. [113]

Derjenige ist ein ‚willenloser Träumer' und kann so von außen ‚überall hin gelenkt werden', ohne diese ‚Fremdsteuerung' selbst überhaupt jemals dabei zu realisieren. Hinterfragt man bei ihm seinen Traumzustand von AUSSERHALB dieses Traumes, bekommt man meist nur solche Antworten, wie zum Beispiel: **‚Das ist nicht so'**. Fragt man weiter: ‚Wie ist es denn dann' ‚dreht sich seine Antwort meist nur im Kreis'. Sein Erkenntnishorizont gleicht so leider nur der sprichwörtlichen ‚Katze, die sich selbst in den Schwanz beißt'. Und so bekommt man meist auch keine tiefergehenden Antworten, als bisher schon. So zum Beispiel einfach

---

[112] Die Bibel, Neues Testament, nach der Übersetzung von Dr. Martin Luther, Verlag Canstein Halle/Saale, Ausgabe 1890, Matthäus 13,16
[113] Alle drei Antworten sind Formen der ‚Anosognosie', der Verleugnung von Tatsachen vor sich selbst.

nur: **‚So ist das nicht'**. Rein sachlich betrachtet, hat derjenige nur die Wortreihenfolge verändert. An dem ‚Nullinhalt' seiner Aussage hat sich somit rein überhaupt nichts geändert. Er äußert hiermit einfach nur verbal, dass sich seine innere Konditionierung ‚irgendwie' nicht mit den äußeren Wahrheiten in ‚Einklang befindet'. Mehr nicht. Er ist so meist nicht einmal in der Lage, den vermeintlichen Widerspruch zu beschreiben und so auch näher zu ‚erfassen'. Im Falle der ‚Anosognosie' wäre er darüber hinaus sogar auch noch absolut ‚unwillig', diesen Zustand zu erkennen, geschweige denn sogar willentlich zu verändern.

Diese Bereitschaft wäre jedoch die **grundlegende** Voraussetzung dafür, dass er aus diesem Traum ‚mit offenen Augen' auch jemals wieder ‚von selbst erwachen kann'. Sein Dasein wird ausschließlich ‚von außen bestimmt' und sein Verhalten ist somit ‚steuerbar und vorhersehbar'. Er handelt ‚rein mechanisch'. Fast wie ein Automat. In diesem Zustand ist dieser Mensch somit nicht mehr, als das sprichwörtliche ‚Blatt im Wind', welches auch überall hin ‚verweht' werden kann. Dieser ‚Traumzustand' erstreckt sich dabei auf ALLE Bereiche des irdischen Lebens gleichermaßen. Selbst, wenn derjenige einmal der Meinung sein sollte, dass er ‚sein Geschick diesmal aktiv lenkt' ist dies meist leider auch nur wieder eine Erscheinung der Welt der Maya und somit auch nur wieder eine weitere Illusion, welcher er wiederum erlegen ist. Wie wir es bereits gemeinsam im Kapitel: ‚Von den Stufen und von den Formen der Egozentrik' dieses Buches herausgearbeitet haben, gilt für denjenigen:

Er ‚lebt' dabei nicht dieses Leben –
er TRÄUMT nur, es zu leben.

Dieses Verhalten ist somit auch nichts weiter, als eine der bereits in diesem Buch näher besprochenen ‚Spielarten' der Egozentrik. [114]

---

[114] Siehe Kapitel: ‚Von den Stufen und von den Formen der Egozentrik'.

Von der ‚ersten Stufe des Denkens'
(Vom ‚Denken', welches des ‚Denker' erschafft- ‚niederes' Wesen des Menschen – 2. Stufe):

Die zweite Stufe des niederen Wesens des Menschen (Bereich des manchmal auch als ‚Tiermensch' bezeichneten Wesens) ist das ‚uns so geläufige Denken' im Rahmen der Erscheinungswelt der ‚Maya'. Es handelt sich hierbei um das auf einer ‚sinnlich-materiellen Stufe' stehengebliebene Denken. Das Denken, welches den Denker selbst erschafft. Es ist die Form des irdischen Denkens, welche diese Scheinwelt als gegeben hinnimmt, ohne diese jemals dabei zu hinterfragen. Selbst dann nicht, wenn ‚der Denker' [115] hierbei bereits an Erkenntnisgrenzen stoßen sollte. Auch, wenn dieses Denken STETS von außen ‚konditioniert' ist, äußert sich hier jedoch bereits zum ersten Mal der WILLE des Menschen selbst. **An dieser Stelle erscheint somit zum ersten Mal in dieser Inkarnation der WILLE des ICH-Selbst, sich aktiv ‚aus dem Nebel des bisherigen Traum-Lebens' erheben zu wollen.** Es ist somit die erste Stufe zur ÜBERWINDUNG des bisherigen Traumzustandes.

„Im Denken ist Wille, nicht im Traum."
Victor Hugo

Leider ist diese Form des Denkens stets materiegebunden und ‚konditioniert'. Vorstellungen, Erfahrungen, sogenanntes ‚Wissen' und von außen eingeschleuste ‚Programmierungen' treffen hier zusammen und verzerren das Ergebnis dieser Form des Denkens, fast wie in einem der bisherigen ‚Zerrspiegel des Traumzustandes'.

---

[115] Auch der in der Welt der ‚Maya' vom Denken selbst und künstlich erschaffene ‘Denker' ist somit leider auch nichts weiter, als eine weitere und real betrachtet nicht existente Illusion, welcher derjenige wiederum erlegen ist. Nicht dadurch, dass ICH denke, bin ICH, sondern das ICH ist dass Bewusstseinszentrum, niemals jedoch der Denker, als Scheinprodukt der Welt der Maya. Eine ‚Fata Morgana' ist ja auch nicht die Oase, die sie vorgibt zu sein, sondern nichts weiter als eine Luftspiegelung, oder wenn man so will: eine ILLUSION.

„Das Denken ist immer alt, denn das Denken ist die Reaktion der Erinnerung als Wissen und Erfahrung. Das Denken ist Materie." [116]   **Krishnamurti**

Unsere Erfahrungen sind zwar hilfreich dabei, uns unseren **bisherigen** Weg zu ‚beleuchten', für das weitere Voranschreiten auf den nunmehr erforderlichen **neuen** Wegen sind unsere ‚Erfahrungen'. die leider immer bestimmte Vorstellungen, Meinungen, Überzeugungen und Konditionierungen in uns selbst bewirken, nicht mehr besonders förderlich.

Oder, um mit Konfuzius zu sprechen:

„Die Erfahrung ist wie eine Laterne im Rücken; sie beleuchtet stets nur das Stück Weg, das wir bereits hinter uns haben."   **Konfuzius**

Dennoch ist diese Stufe der erste und zwingend erforderliche Schritt, um den bisherigen ‚Traumzustand' ein für alle Mal zu beenden.

Manchmal werden zumindest Teilbereiche dieser Stufe auch mit dem Begriff der ‚Logik' bezeichnet, [117] mit welcher man vorgeblich alle Wahrheiten dieser Welt der ‚Maya' erkennen könne.

„Die Logik steht mit den Dingen auf einer Stufe und nicht mit dem Knoten, der sie verknüpft."
Antoine de Saint-Exupéry

Die so zu ‚erkennenden' Wahrheiten sind somit nur der Stufe der Erscheinungen **in** dieser Scheinwelt der ‚Maya' entlehnt. Es handelt

---

[116] Quelle: Krishnamurti: Vollkommene Freiheit, Fischer, Frankfurt am Main, 5. Auflage 2006, S. 401, IV, Du bist die Welt - Totales Handeln ohne Reue, ISBN: 3596150671

[117] Der Begriff ‚das logische Denken' hat, auch wenn der Name dies zu suggerieren scheint, rein überhaupt NICHTS mit dem GÖTTLICHEN LOGOS, dem Wort der Urschöpfung zu tun, wie dies auch im ‚Johannesevangelium' im ‚Neuen Testament' der Bibel beschrieben wird.

sich somit nur um scheinbare oder manchmal auch tatsächliche ‚Wahrheiten', welche jedoch nur im Bereich dieser Scheinwelt existent und ausschließlich DORT zu gelten scheinen. Außerhalb, oder **von** außerhalb, der Welt der ‚Maya' betrachtet, sind es so auch wieder nur ERSCHEINUNGEN, deren Ursachen einer höheren Ordnung folgen und dort auch beheimatet sind.

Vom Übergang zwischen dem ‚niederen' und dem ‚höheren' Wesen
(Von der dritten Stufe des ‚niederen' und der ersten Stufe des ‚höheren' Wesens des Menschen)

Diesem Bereich kommt in unserer Entwicklung als Menschen und als gesamte Menschheit **derzeit** die größte Bedeutung zu. Es ist der **ÜBERGANG** zwischen dem ‚niederen' Wesen des Menschen (Tiermensch) zum höheren Wesen des Menschen (GÖTTLICHER TEIL). In diesem Bereich befindet sich derzeit bereits eine sehr große Anzahl der derzeit Inkarnierten.

Es ist der Bereich des ‚Denkenden Geistes'.

Dieser Bereich ist durch den ÜBERGANG zwischen dem bisherigen ‚willentlichen Denken' (konditioniert und materiegebunden) zum materiefreien ‚Geist' und somit zum GÖTTLICHEN in uns selbst gekennzeichnet. Haben wir diese **erste Stufe des GÖTTLICHEN** erreicht, haben wir uns bereits von allen bisherigen Konditionierungen nachhaltig befreit. Der ‚Geist', oder wenn man so will: das GÖTTLICHE in uns selbst, bleibt **stets** FREI von allen Konditionierungsversuchen dieser Welt der Maya.

Es ist somit die Vorstufe zur WAHREN GÖTTLICHEN ERKENNTNIS.

Abhängig von den auf den einzelnen Menschen dabei wirkenden ‚äußeren Einflüssen' und der bereits in demjenigen erreichten ‚Entschlossenheit' dazu, sich über diese bisherigen ‚Konditionierungen' zu erheben, ‚pendeln' viele im Moment inkarnierte Seelen derzeit so zwischen dem ‚niederen' und dem ‚höheren' Wesend des Menschen hin und her. Hierbei handelt es sich um **eine** begleitende Erscheinung des PENDELS DER ENTSCHEIDUNG. Allen diesen inkarnierten Seelen ist jedoch bereits eines gemeinsam: ALLE haben sich bereits nachhaltig aus dem bisherigen Traumzustand gelöst und sich ein für alle Mal darüber erhoben. Die damit bereits erreichte Entwicklungsstufe kann somit niemals mehr ‚zurückkonditioniert' werden. **Es ist bereits eine Erscheinung der kommenden HÖHEREN und somit GÖTTLICHEN ORDNUNG.**

Von der ‚GÖTTLICHEN ERKENNTNIS'

(Von der zweiten Stufe des ‚höheren' Wesens des Menschen)
Hat derjenige sich jedoch bereits über die Übergangszone zwischen dem ‚niederen' und dem ‚höheren' Wesen des Menschen nachhaltig erhoben, stehen ihm nunmehr alle Ebenen der ihm vom Universum bestimmten Entwicklung offen.

Auf dieser Stufe, der Stufe der ‚GÖTTLICHEN ERKENNTNIS' geht es für ihn somit nicht mehr um ‚Glauben' oder ‚Nichtglauben'. Und auch nicht mehr um das (konditionierte) ‚Denken', welches den ‚Denker' erzeugt. Sein ganz persönliches Ziel und das Ziel der gesamten Menschheit (und somit auch aller ursprünglichen und mit ihr ‚verwobenen' Wesen dieser Welt) ist es, die Stufe der ‚GÖTTLICHEN WAHRHEIT' zu erreichen.

„Ich bin der Weg und die Wahrheit und das Leben" [118]
Dieser Weg zur GÖTTLICHEN ERKENNTNIS öffnet sich **nur** demjenigen, welcher alle niederen Eigenschaften des ‚Tiermenschen' in sich erst überwunden und danach ‚ertötet' [119]

---

[118] Die Bibel, Neues Testament, nach der Übersetzung von Dr. Martin Luther, Verlag Canstein Halle/Saale, Ausgabe 1890, Johannes 14,6
[119] Mabel Collins – „Licht auf den Pfad" - Th. Grieben's Verlag, Leipzig, 1917

hat. Demjenigen, welcher sich frei gemacht hat von allem ‚irdischen Lärm' [120]. Demjenigen, welcher frei ist von allen Konditionierungen. Demjenigen, welcher ganz tief in sich, im Fokus seiner Seele und im Fokus seines unsterblichen ICH, ruht. Demjenigen, welcher die Stille der Ewigkeit in sich erschaffen und gespürt hat. Demjenigen. welcher den **‚anattā'-Gedanken** [121] und somit die absolute Gewissheit, dass dieser irdische Körper NICHT-ICH ist, jeden Tag, jede Stunde und jeden Atemzug mit seinem gesamten Wesen LEBT.

Dies ist der WEG.

„Es ist Dir unmöglich, anderen zu helfen, bevor du dir selbst einigermaßen Gewißheit errungen hast. Wenn du die ersten... Lehren in dich aufgenommen... hast, wenn deine Fähigkeiten entwickelt sind, dein Sinn der Banden ledig ist, dann wirst du einen Quell in deinem Inneren entdecken..." [122]

Solche Fragen, wie: ‚Wie kann man aufsteigen' oder ‚Was muss ich tun, damit ich aufsteige' haben sich somit und so zu sagen: aus sich selbst heraus, als „Dhammo anītiho", und somit als die „...Wahrheit, die ihre Bestätigung in sich selbst trägt", erklärt. [123]

Dies ist der WEG.

Der Weg, welchen CHRISTUS uns mit seinem Durchgang durch den irdischen Tod eröffnet und gezeigt hat. [124] Der Weg zur GÖTTLICHEN ERKENNTNIS unserer Unsterblichkeit **als nicht an einen irdischen Körper gebundene SCHÖPFUNG DER LIEBE DES EINEN.**

---

[120] Siehe: Band eins bis drei der LICHTREIHE von John R. McCollins.
[121] Georg Grimm, ‚Die Lehre des Buddha'. Verlag Piper und CO., München, 1922, Vorrede – anattā = NICHT-ICH
[122] Mabel Collins – „Licht auf den Pfad" - Th. Grieben's Verlag, Leipzig, 1917
[123] Georg Grimm, ‚Die Lehre des Buddha'. Verlag Piper und CO., München, 1922, Vorrede
[124] Die Bibel, Neues Testament, nach der Übersetzung von Dr. Martin Luther, Verlag Canstein Halle/Saale, Ausgabe 1890, Johannes 14,6

Hat derjenige dieses Stufe der GÖTTLICHEN ERKENNTNIS nicht nur erreicht, sondern auch zu seinem gesamten Wesen gemacht, steht er so zusagen in der ‚Vorhalle' zur GÖTTLICHEN WAHRHEIT. Direkt an der Schwelle zu seiner wahren Bestimmung angekommen, ist es ihm bereits gestattet, einen ersten, wenn auch nur flüchtigen, Blick hinein in das Heiligtum, die Halle der GÖTTLICHEN WAHRHEIT zu wagen.

Von der ‚GÖTTLICHEN WAHRHEIT'
(Von der dritten Stufe des ‚höheren' Wesens des Menschen)

War es in früheren Zeiten, so zum Beispiel im heute so genannten ‚Mittelalter', den Mönchen der verschiedenen Ritterorden oder den Mönchen der geistlichen Orden relativ einfach möglich, sich aus dem für die große Masse der damals als Menschen Inkarnierten herauszulösen, ist dies in unserer heutigen Zeit kaum oder nur noch sehr schwer möglich. Auch eine Askese im Wald und fern ab aller Menschen wäre wohl in dieser Epoche der menschlichen Entwicklung kaum umsetzbar. Und, um es noch einmal ganz klar hier herauszuarbeiten, dies ist und war auch **niemals** das Ziel auf unserem Weg zur GÖTTLICHEN ERKENNTNIS und zur GÖTTLICHEN WAHRHEIT. Das man sich frei macht von Besitzgier, Neid und Habsucht, frei macht von Neid, Egoismus und Ehrgeiz und den bisher im Rahmen der LICHTREIHE behandelten dunklen Eigenschaften, bedeutet NIEMALS, dass man sich auch aus der Gemeinschaft der Menschen, als Mensch unter Menschen, zurückzieht. Gemeint ist vielmehr dies, was Mabel Collins in ihrem Buch [125] knapp und einprägsam, so zusagen ‚auf den Punkt bringt':

---

[125] Mabel Collins – „Licht auf den Pfad" - Th. Grieben's Verlag, Leipzig, 1917

„Wirke gleich denen, die ehrgeizig sind. Achte das Leben gleich denen, die's lieben. Sei glücklich gleich dem, der dem Glücke nur lebt." [126]

Strebe nach dem Besitz. Aber dieser Besitz ist kein Gut dieser irdischen Welt, dieser Welt der ‚Maya'. Strebe nach dem Besitz des inneren Friedens.

Es ist der Friede IN Dir, der Dich frei machen wird.

Oder, um mit Mabel Collins zu sprechen:
„Es ist der Friede, den du suchen sollst, der heilige Friede, den nichts stören kann; in dessen Schutz die Seele sich entfaltet..." [127]

Hast Du diesen inneren Frieden auf Deinem ganz persönlichen Weg zur GÖTTLICHEN WAHRHEIT gefunden, dann ruhst Du unverrückbar und fest an dem Dir vom Universum bestimmten Platz. Gleich einem Felsen in der Brandung gleiten alle wütenden Elemente und wütenden Gewalten so an Dir ab. Gleichmütig und unbeschadet wandelst Du dann auf Deinem Weg zur GÖTTLICHEN WAHRHEIT.

„Und ihr werdet die Wahrheit erkennen, und die Wahrheit wird euch frei machen." [128]

---

[126] Mabel Collins – „Licht auf den Pfad" - Th. Grieben's Verlag, Leipzig, 1917
[127] Mabel Collins – „Licht auf den Pfad" - Th. Grieben's Verlag, Leipzig, 1917
[128] Die Bibel, Neues Testament, nach der Übersetzung von Dr. Martin Luther, Verlag Canstein Halle/Saale, Ausgabe 1890, Johannes 8,32

Anhang (Erläuterungen):

Meister Eckhart ca. 1260 bis 1327 anno Domini:
Vermutlich um 1260 a.D. in Hochheim bei Gotha (Thüringen) geboren. War unter anderem Prior des Dominikanerordens in Erfurt, Vikar in Thüringen, Provinzialprior von Sachsen, Magister und Professor der Theologie in Straßburg.
1326 leitete der Kölner Bischoff (von Ochsenstein) den Inquisitionsprozess gegen ihn ein. Noch vor Eintreffen der päpstlichen Bulle (ca. 1329) verstarb Meister Eckhart im Jahre 1327. Meister Eckhart war wohl einer der bedeutendsten deutschen Mystiker, zumindest dieser Zeitepoche. (Quelle: Aus der Reihe: ‚Verschollene Meister der Literatur – 1. Meister Eckhart' – Karl Sehnabel (Axel Junckers Buchhandlung), Berlin 1903)

Antoine de Saint-Exupéry
Französischer Schriftsteller und Pilot – 1900 bis 1944. Bedeutende Werke: „Der kleine Prinz", das erfolgreichste Buch der Welt, „Nachtflug", „Citadelle - die Stadt in der Wüste"

Laotse
Chinesischer Philosoph, wahrscheinlich des 6. Jahrhunderts vor Christus.

Victor Hugo
Französischer Schriftsteller und Politiker – 1802 bis 1885. Bedeutende Werke: „Die Elenden", „Der Glöckner von Notre-Dame".
Einige seiner Werke wurden vom Vatikan (Sitz des Oberhaupts der Katholischen Kirche) auf den „Index der verbotenen Bücher" gesetzt. Vielleicht interessant, dass dieses Verzeichnis noch bis 1966 weitergeführt wurde.

Konfuzius
Chinesischer Philosoph und Lehrmeister – vermutlich um 550 bis 480 vor Christus.

Johann Wolfgang von Goethe
Wohl einer der bedeutendsten deutschen Dichter. Darüber hinaus als Politiker und Naturforscher tätig – 1749 bis 1832. Bedeutende Werke: „Faust", „Götz von Berlichingen", jedoch auch das naturwissenschaftliche Werk über Licht, Farbe und Farbwirkung „Farbenlehre"

Epikur
Griechischer Philosoph – 341 bis ca. 270 vor Christus.

Samuel Langhorne Clemens (Mark Twain)
Amerikanischer Schriftsteller – 1835 bis 1910. Bedeutende Werke: „Die Abenteuer von Tom Sawyer und Huckleberry Finn", „Leben auf dem Mississippi".

Arthur Schopenhauer
Deutscher Philosoph und Autor – 1788 bis 1860.

Lucius Annaeus Seneca
Römischer Philosoph und Politiker – ca. 1 bis 65 nach Christus

Johann Heinrich Pestalozzi
Schweizer Pädagoge, Politiker und Philosoph – 1746 - 1827

Lew Nikolajewitsch Tolstoi (Leo Tolstoi)
Russischer Schriftsteller – 1826 - 1910

Honoré de Balzac
Französischer Philosoph und Romanautor - 1799 - 1850

Jiddu Krishnamurti
Indischer Philosoph und Menschheitslehrer - 1895 - 1986

Alfred Rethel
Deutscher Maler und Zeichner (1816 bis 1859)

Rogier van der Weyden
Flämischer Maler der Altniederländischen Malerei (ca. 1399 bis 1464)

Weitere Bücher von John R. McCollins
Der Weg zur Liebe und zum wahren Licht
John R. McCollins' Lichtreihe - 1. Band

Erster Band der LICHTREIHE von John R. McCollins. Dieses, von einigen Lesern und Leserinnen sogar als ‚außergewöhnlicher Ratgeber' bezeichnete Buch, versucht einen neuen und GANZHEITLICHEN, ja wahrscheinlich sogar unkonventionellen, Ansatz auf ihrem ganz persönlichen ‚Weg zur Liebe und zum wahren Licht' zu bieten. Es wendet sich dabei besonders auch an die Menschen, welche schon viele Ratgeber gelesen haben, sich aber immer noch auf der ‚Suche fühlen'.

ISBN Printausgabe: 978-3-759224-97-2
ISBN E-Book: 978-3-759225-80-1

Der Weg zu den goldenen Toren
John R. McCollins' Lichtreihe - 2. Band

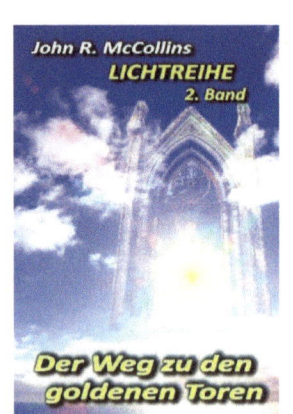

Dieser zweite Band der LICHTREIHE von John R. McCollins möchte den Suchenden weiter auf seinem Weg zu unserer Bestimmung als Menschen begleiten. Auf seinem ganz persönlichen Weg und hin, bis zu den ‚Goldenen Toren'.

ISBN Printbuch: 978-3-759228-45-1
ISBN E-Book: 978-3-759228-44-4

ERGÄNZUNGSBAND zur Ebook-Ausgabe
von: John R. McCollins' Lichtreihe - 2. Band

Dieser Auszug aus der Printausgabe ist gedacht für: alle E-Book-Lesenden, welche die Versuche mit den verschiedenen Formen des ‚Wirklichkeitsstrahls' selbst durchführen möchten und für alle die Lesenden der Printausgabe, welche ihr Buch nicht gerne ‚zerschneiden' möchten. Enthält nur die Kapitel zum ‚Selberbasteln' der beiden Modelle vom ‚Wirklichkeitsstrahl'. Dies ist nur ein Auszug aus der Printausgabe (32 Seiten)

ISBN ERGÄNZUNGSBAND: 978-3-759228-46-8

Der Weg in das GÖTTLICHE LICHT
John R. McCollins' Lichtreihe - 3. Band

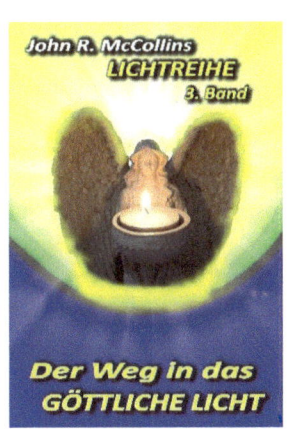

Wie aus sogenannten ‚Nahtoderlebnissen' heraus berichtet wird, verlässt ‚der davon betroffene Mensch' dabei den derzeitigen irdischen Körper und bewegt sich, meist durch einen als ‚tunnelartige Struktur' beschriebenen Bereich, auf ein helles, warm und golden leuchtendes Licht zu. In diesem DRITTEN BAND der LICHTREIHE von John R. McCollins möchte der Autor gemeinsam mit IHNEN versuchen, zumindest ein erstes Grundverständnis, für dieses GÖTTLICHE LICHT UND SEIN WIRKEN ALS ERSCHEINUNG IN DIESER WELT DER ‚MAYA', zu entwickeln. Wir wollen GEMEINSAM versuchen ERSTE Antworten zu finden auf Fragen, wie:

- ‚Was ist dieses GÖTTLICHE LICHT'
- ‚Wie wirkt es als ERSCHEINUNG in dieser (Teil-)-Welt'
- ‚Welche Bedeutung hat es für uns auf unserem Weg zur Bestimmung als Menschen und als Menschheit insgesamt.

ISBN Printbuch: 978-3-759233-99-8
ISBN E-Book: 978-3-759235-48-0

Bommelfutz® und das Haus der blauen Steine
‚Bommelfutz®'-Fantasy-Krimi-Reihe 1. Band

Mitten in der Nacht wird Hauptkommissar Bommelfutz® zu einem weiteren scheinbaren Selbstmord gerufen. Dieses Mal hat jedoch kein für die Presse namenloser Junkie seinem Leben ein jähes Ende gesetzt. Dieses Mal scheint ALLES anders zu sein. Das 23. Opfer dieses Hochhauses ist kein namenloser Junkie mehr, sondern eine, wohl zumindest stadtbekannte, Persönlichkeit. Schon auf dem Weg zum Tatort beginnen die ersten Verwicklungen sichtbar zu werden. Ja selbst der mysteriöse Mörder von Nico R. von S. scheint immer noch in diesem Gebäudekomplex präsent zu sein. Dort präsent zu sein, um dort auf weitere Opfer zu lauern. Die Jagd nach diesem Phantom führt den Leser durch Raum und Zeit und bis in eine scheinbar weit zurück liegende Dimension. Und selbst Bommelfutz® und dieses vermeintlich körperlose Wesen scheinen sich nicht so fremd zu sein, wie es dem Leser zunächst erscheinen will...

ISBN Printausgabe: 978-3-759228-47-5
ISBN Ebook: 978-3-759228-48-2